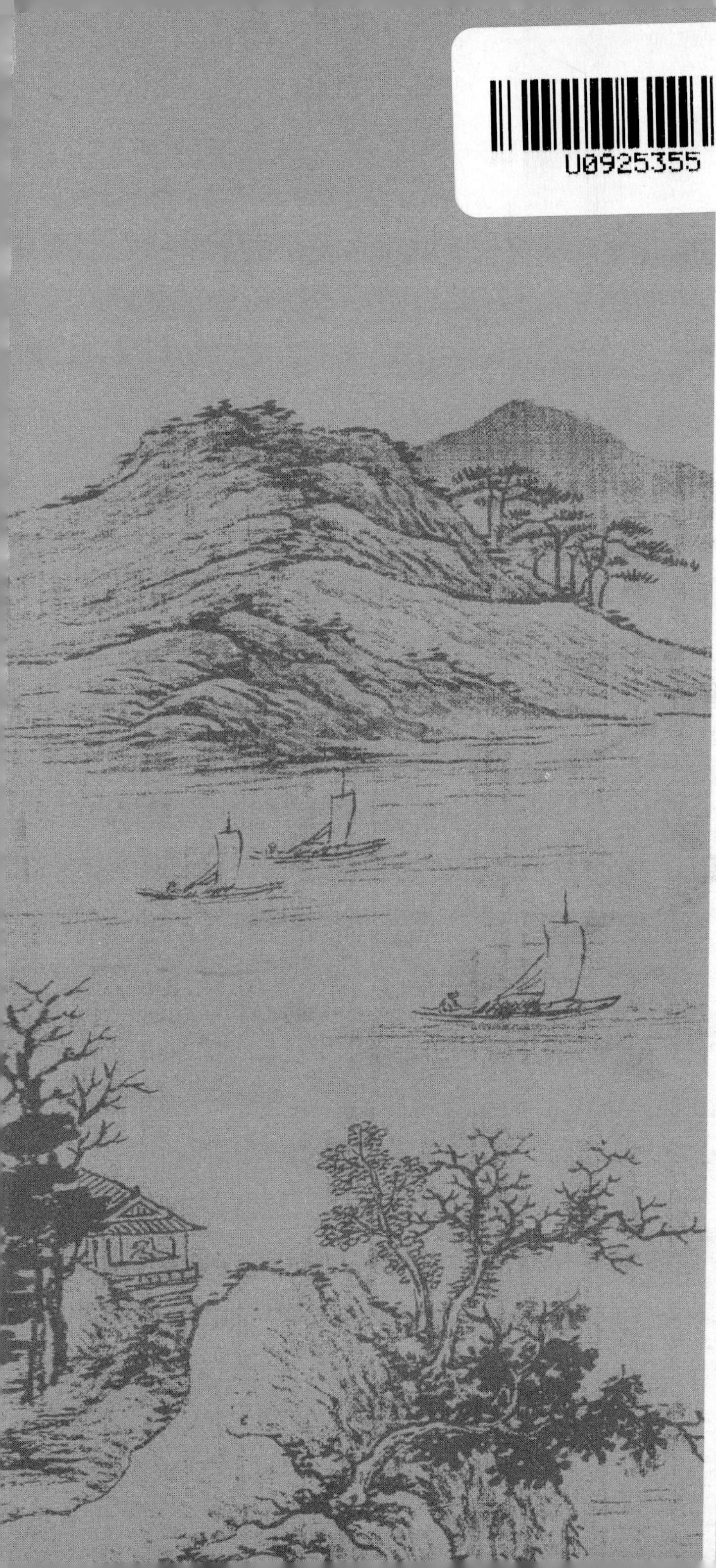

全本全注全译

群書治要360

三

《群书治要360》编写组 编著

團結出版社

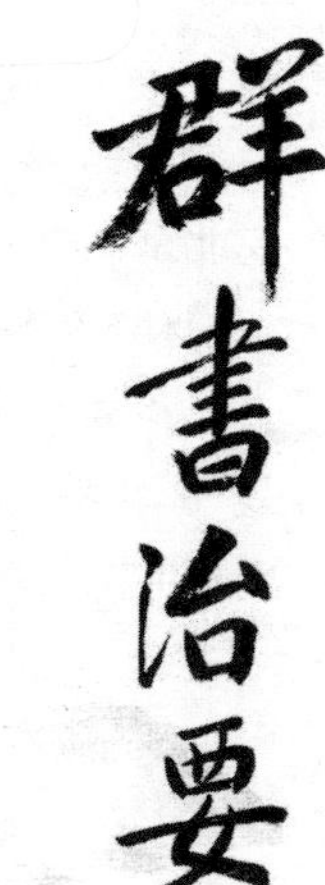

图书在版编目（CIP）数据

群书治要360.第3册/(唐) 魏徵等辑录；《群书治要360》编写组译.
-- 北京：团结出版社，2015.9

ISBN 978-7-5126-3828-0

Ⅰ.①群… Ⅱ.①魏… ②群… Ⅲ.①政书－中国－唐代
②《群书治要》－通俗读物 Ⅳ.①D691.5-49

中国版本图书馆CIP数据核字(2015)第189841号

出版：团结出版社
（北京市东城区东皇城根南街84号 邮编：100006）
电话：（010）65228880 65244790 （传真）
网址：www.tjpress.com
Email:65244790@163.com
经销：全国新华书店
印刷：三河市富华印刷包装有限公司

开本：148×210 1/32
印张：10
字数：185千字
版次：2015年11月 第1版
印次：2021年10月 第4次印刷

书号：978-7-5126-3828-0
定价：40.00元

《谦德国学文库》出版说明

人类进入二十一世纪以来，经济与科技超速发展，人们在体验经济繁荣和科技成果的同时，欲望的膨胀和内心的焦虑也日益放大。如何在物质繁荣的时代，让我们获得内心的满足和安详，从经典中获取智慧和慰藉，或许是我们不二的选择。

之所以要读经典，根本在于，我们应当更好地认识我们自己从何而来，去往何处。一个人如此，一个民族亦如此。一个爱读经典的人，其内心世界必定是丰富深邃的。而一个被经典浸润的民族，必定是一个思想丰赡、文化深厚的民族。因为，文化是民族之灵魂，一个民族如果不能认识其民族发展的精神源泉，必定就会失去其未来的生机。而一个民族的精神源泉，就保藏在经典之中。

今日，我们提倡复兴中华优秀传统文化，当自提倡重读经典始。然而，读经典之目的，绝不仅在徒增知识而已，应是古人所说的“变化气质”，进一步，是要引领我们进德修业。《易》曰：“君子以多识前言往行，以蓄其德。”实乃读经典之要旨所在。

基于此理念，我们决定出版此套《谦德国学文库》，“谦德”，即本《周易》谦卦之精神。正如谦卦初六爻所言：“谦谦君子，用涉大川”，我们期冀以谦虚恭敬之心，用今注今译的方式，让古圣先贤的教诲能够普及到每一个人。引导有心的读者，透过扫除古老经典的文字障碍，从而进入经典的智慧之海。

作为一套普及型的国学丛书，我们选择经典，不仅广泛选录以儒家文化为主的经、史、子、集，也将视野开拓到释、道的各种经典。一些大家所熟知的经典，基本全部收录。同时，有一些不太为人熟知，但有当代价值的经典，我们也选择性收录。整个丛书几乎囊括中国历史上哲学、史学、文学、宗教、科学、艺术等各领域的基本经典。

在注译工作方面，版本上我们主要以主流学界公认的权威版本为底本，在此基础上参考古今学者的研究成果，使整套丛书的注译既能博采众长而又独具一格。今文白话不求字字对应，只在保证文意准确的基础上进行了梳理，使译文更加通俗晓畅，更能贴合现代读者的阅读习惯。

古籍的注译，固然是现代读者进入经典的一条方便门径，然而这也仅仅是阅读经典的一个开端。要真正领悟经典的微言大义，我们提倡最好还是研读原本，因为再完美的白话语译，也不可能完全表达出文言经典的原有内涵，而这也正是中国经典的古典魅力所在吧。我们所做的工作，不过是打开阅读经典的一扇门而已。期望藉由此门，让更多读者能够领略经典的风采，走上领悟古人思想之路。进而在生活中体证，方能直趋圣贤之境，真得圣贤典籍之大用。

经典，是一代代的古圣先贤留给我们的恩泽与财富，是前辈先人的智慧精华。今日我们在享用这一份财富与恩泽时，更应对古人心存无尽的崇敬与感恩。我们虽恭敬从事，求备求全，然因学养所限、才力不及，舛误难免，恳请先贤原谅，读者海涵。期望这一套国学经典文库，能够为更多人打开博大精深之中华文化的大门。同时也期望得到各界人士的襄助和博雅君子的指正，让我们的工作能够做得更好！

团结出版社

2017年1月

前　言

《群书治要》是唐太宗李世民于贞观初年（公元627年）下令编辑的一部资政巨著。唐太宗18岁随父从军，并起义平定了动乱，戎马倥偬十余年。28岁即帝位后，偃武修文，特别留心于治平之道，休生养民。

太宗英武善辩，遗憾早年从军，读书不多。鉴于前隋灭亡之失，深知创业不易，守成维艰，在位期间，鼓励群臣进谏，批评其决策过失。其令谏官魏徵及虞世南等，整理历代帝王治国资政史料，撷取六经、四史、诸子百家中有关修身、齐家、治国、平天下之精要，汇编成书。该书上始五帝，下迄晋代，自一万四千多部、八万九千多卷古籍中博采典籍65种，共50余万言。

书成，如魏徵于序文中所说，实为一部“用之当今，足以鉴览前古；传之来叶，可以贻厥孙谋”的治世宝典。太宗喜其广博而切要，日日手不释卷，曰：“使我稽古临事不惑者，卿等力也。”由是而知，贞观之治的太平盛况，此书贡献大矣！诚为从政者必读之宝典。

由此可知，《群书治要》可谓是中国古圣先王修齐治平之智慧、方法、经验、效果的集大成，是历经千万年考验所累积的文化宝藏。这部宝典既能助唐太宗开创“贞观之治”，也必能为当今各个阶层的领导者提供可贵的借鉴。而对于生活在社会中的每个人来说，《治要》也是修身、治家、处世的智慧源泉。

然因当时中国雕版印刷尚未发达，此书至宋初已失传，《宋史》亦不见记载。所幸者，日本金泽文库藏有镰仓时代（1192—1330）日本僧人手写《群书治要》的全帙，并于清乾隆六十年，由日人送回中国本土。上海商务印书馆四部丛刊和台湾分别以此版为底本影印出版。

由于《群书治要》有50卷之多，约50余万言，体量庞大，不利于读者整体把握。于是便将其中的菁华摘取出来，编成《群书治要360》，以飨读者。

《群书治要360》共分三册，每册以君道、臣术、贵德、为政、敬慎、明辨为大纲。在每个大纲下，又归纳了《群书治要》论述的相关要点，作为细目，每册共选360句。

其中，每个纲目中所选的句子，虽是从六十六部不同典籍摘录，但都是从不同角度展现该纲目的内涵。编辑组在排列每个纲目中句子的先后顺序时，并没有按照选句所在卷数的先后来排序，而是根据选句的义理、重要性，以及相互之间的关联加以排列，以便读者对纲目的精神及选句的义理有更清晰的认识。比如第一册中“臣术·尽忠”选句的排列，用《国语》中栾共子的话作为第一句，以彰显为何要尽忠；以《尚书》中对伊尹的描述作为第二句，以展现忠臣的心境；把《晏子》选句作为第三句，展现忠臣应有的行谊；第四句则以具体实例呼应第三句。

本书每句选句分原文、注释、白话三部分。《群书治要》原文中的小注，仍以双行夹注方式呈现；天明本页眉处的校勘记，改放入原文中，亦以双行夹注方式呈现，为示区别，校勘记用括号加以标明。

希望本书的纲目及选句的呈现方式，对于读者领纳《群书治要》全书的精神，能有所帮助。也衷心祝福读者在古圣先贤智慧的引领下，身心和谐、家庭和乐、事业和顺！

目　录

壹、君道

贰、臣术

叁、贵德

肆、为政

伍、敬慎

陆、明辨

壹、君道

一、修身

甲、使命

1.《洪范》曰："天子作民父母，为天下王。"圣人取类以正名，而谓君为"父母"，明仁爱德让，王道之本也。（卷十四·汉书二）

【译文】《尚书·洪范》上说："天子能做人民的父母，而为天下所归往。"圣人用相似的称谓来端正名分，而称君主是"父母"，表明宽仁慈爱、有德礼让，是王道的根本。

2.圣人之从事也，所由异路而同归，其存亡定倾[①]若

一，志不忘乎欲利人也。……圣人之心，日夜不忘乎欲利人，其泽[②]之所及亦远也。（卷三十五·文子）

【注释】①存亡定倾：使濒临灭亡或已亡者得以继续存在或延续，使危险的局势或即将倾覆的国家转为稳定。②泽：恩德，恩惠。

【译文】圣人做事，都是殊途同归，他们使濒临灭亡之国得以延续、使即将倾覆之国得以安定的目的是一致的，心志总是不忘记要有利于人民。……圣人的心境，日夜都不忘记有利于他人，他们的恩德所播及的地方也是很广远的。

3.道也者，福之本也；祥也者，福之荣也。无道者，必祸之本；不祥者，必失福之荣矣。故行而不缘道者，其言也必不顾义矣。故纣自谓天王也，而桀自谓天子也，已灭之后，民以骂也。以此观之，则位不足以为尊，而号不足以为荣矣。故君子之贵也，士民贵之，故谓之贵；故君子之富也，士民乐之，故谓之富。故君子之贵也，与民以福，故士民贵之；故君子之富也，与民以财，故士民乐之。（卷四十·贾子）

【译文】道义是福德的根本；吉祥是福德的荣显。不行道义，一定是遭受祸患的根源；不吉祥，一定是丧失福德的表现。所以行为不依循正道，那么言语也一定不讲求仁义。所以商纣自称天王，夏桀自称天子，他们灭亡之后，人民还在咒骂他们。由此看来，有地位不足以让自己尊贵，而名号也不足以让自己引以为荣。所以君主的尊贵，是士民都尊重他，所以才称为尊贵；君主的富有，是士民都爱戴他，所以才称为富有。所以君主的尊贵，在于给予人民以福祉，所以士民尊重他；君主的富有，在于给予人民以财富，所以士民爱戴他。

4.武王克殷，发巨桥[①]之粟，散鹿台[②]之钱；封比干之墓，解箕子之囚；无故无新，唯贤之亲。用非其有，使非其人，晏然[③]若其（无若其之其）故有之。由此观之，则圣人之志大矣！（卷四十一·淮南子）

【注释】①巨桥：殷纣王贮藏粮食的场所，亦作巨桥。②鹿台：殷纣王贮藏珠玉钱帛的地方。③晏然：悠闲安适的样子。

【译文】周武王攻破殷商后，发放巨桥的粮食，散发鹿台的库钱；封修比干的陵墓，把箕子从囚禁中释放出来；不分旧臣还是新人，只要贤能就亲近。使用的不一定都是他原有的东西，任用的不一定都是亲近的人，而武王自在从容，就像都是他原有的一样。由此看来，圣人的志向远大啊！

乙、戒贪

5.罪莫大于可欲，好淫色也。祸莫大于不知足，富贵不能自禁止也。咎莫大于欲得，欲得人物，利且贪。故知足之足，常足矣。无欲心也。（卷三十四·老子）

【译文】罪恶没有比荒淫好色更大的，祸患没有比不知足更大的，过错没有比贪得无厌更大的。所以，只有知足的富足，才是长久的富足。

6.今夫溜水①足以溢壶榼②，而江河不能实漏卮③。故人心犹此也。自当以道术④度量，食充虚，衣御寒，则足以养七尺之形矣。若无道术度量，则万乘之势⑤，不足以为尊，天下之富，不足以为乐矣。（卷四十一·淮南子）

【注释】①溜水：屋檐上滴下的水。溜：通“霤”，屋檐滴水处。②榼（kē）：盛酒或贮水的器具。③卮（zhī）：古代盛酒的器皿。④道术：仁义道德。⑤万乘（shèng）之势：拥有可出动兵车万乘的力量。喻拥有的地位极高。乘：量词，古时一车四马叫“乘”。

【译文】如今屋檐上滴下的水能把水壶装满，而江河之水却装不满漏水的酒器。所以人心就像这样。应当以仁义道德来衡量约束自己，食物能填饱肚子，衣服能抵御风寒，也就足以养护七尺之躯了。如果不用道德标准来衡量约束自己，那么即使拥有天子的权势也不会感到尊贵，即使拥有天下的财富也不会感到快乐。

7.目悦五色①，口欲滋味，耳淫五声②。七窍交争③，以害一性，日引邪欲，竭其天和④。身且不能治，奈天下何！（卷三十五·文子）

【注释】①五色：青、赤、白、黑、黄五种颜色。古代以此五者为正色。这里泛指各种颜色。②五声：指宫、商、角（jué）、徵（zhǐ）、羽五音。③交争：犹交集。指不同的事物、感情聚集或交织在一起。④天和：谓人体之元气。

【译文】眼睛喜欢五彩颜色，嘴巴贪爱美味，耳朵沉湎于音乐。眼耳口鼻七窍交织在一起追求享受，就会伤害人的天性，天天被邪恶欲望吸引，自己身体的元气被消磨殆尽。自身都无法调治保养，又怎能治理天下呢！

8.夫美也者，上下外内，小大远迩，皆无害焉，故曰美也。若于目观则美，于目则美，德则不也。财用则匮，是聚民利以自封而瘠民也，胡美之为？封，厚也。胡，何。何以为美。夫君国[1]者，将民之与处，民实瘠，君安得肥？安得独肥，言将有患。（卷八·国语）

【注释】①君国：谓居君位而御其国。

【译文】所谓美，是指对上下、内外、大小、远近都没有妨害，才称得上美。如果眼睛看着美观，然而却为此耗费财物，这是敛收民财使自己富有却让百姓贫困，哪里还算什么美呢？身为治理国家的君王，要与百姓共处，百姓贫困了，国君怎么得以享受富裕？（意思是一定会有祸患的。）

9.天下之害，莫甚于女饰。上之人不节其耳目之欲，殚生民之巧，以极天下之变。一首之饰，盈[1]千金之价（价作资）；婢妾之服，兼四海之珍。纵欲者无穷，用力者有尽；用有尽之力，逞无穷之欲，此汉灵[2]之所以失其民也。上欲无节，众下肆情[3]，淫奓[4]并兴，而百姓受其殃毒[5]矣。（卷四十九·傅子[6]）

【注释】①盈：超过。②汉灵：即汉灵帝刘宏，东汉第十一位皇帝。在位期间重用宦官，残杀士人，恣情纵乐，导致爆发黄巾起义，汉朝名存实亡。③肆情：犹纵欲。④淫奓（shē）：奢侈无度。奓：

"奢"的籀文。⑤殃毒：祸害。⑥傅子：西晋傅玄著。

【译文】对天下有危害的事，没有比君王让后宫的女人过分的装饰打扮更严重的了。君王不节制耳目的欲望，竭尽天下的奇巧，耗尽天下的奇异之物。后宫女子一头的首饰，就花费千金之资；婢妾的衣服，包含了四海的珍宝。纵欲的人欲望无穷，而百姓的物力有限；用有限的物力，去满足无尽的欲望，这是汉灵帝失去民心的原因。在上者欲望没有节制，下面的人肆情纵欲，荒淫奢侈之风并起，百姓就会遭殃受害。

10.齐景公使使于楚，楚王与之上九重之台，顾使者曰："齐亦有台若此者乎？"使者曰："吾君有治位之堂，土阶三尺，茅茨不剪①，采椽②不斲③，犹以为为之者劳，居之者泰。吾君恶④有若此者乎？"于是楚王怉如⑤也。（卷八·韩诗外传）

【注释】①茅茨不剪：谓崇尚俭朴，不事修饰。茅茨：茅草盖的屋顶，亦指茅屋。剪：斩断，除去。②采椽（jué）：柞（zuò）木的屋椽（chuán）。采："棌"字之省，"棌"指柞木。椽：方形的椽子，椽子是建筑中用以支撑房顶与屋瓦的木条。③斲（zhuó）：雕凿，雕饰。④恶（wū）：疑问代词，相当于"何"、"安"、"怎么"。⑤怉（bào）如：《韩诗外传》其他刻本"怉"均作"悒"（yì），民国年间商务印书馆所印《群书治要》有眉注："怉作悒。"悒如：忧愁不安的样子。怉：挂怀。又音bǎo，悖逆。

【译文】齐景公派遣使者到楚国去，楚王和使者一起登上九层高的楼台，回头对使者说："齐国也有这样的楼台吗？"使者说："我们国君有处理政务的朝堂，堂前只有三尺高的土台阶，茅草盖的屋顶没有加以修剪，柞木椽子也没有雕琢装饰，但他还认为修建朝堂的人太劳苦了，而住在里面的人太安逸了。我们国君怎么会有这样美好的高台呢？"楚王听后显得不安。

丙、勤俭

11.圣人卑宫室而高道德，恶衣服而勤仁义。不损其行以好（好作增）其容，不亏其德以饰其身。国不兴不事之功，家不藏不用之器。（卷四十·新语）

【译文】圣人住简陋的房子，而崇尚道德；日常穿戴很俭朴，而尽力于实践仁义。不损害德行来增添脸上的光彩，也不亏损道德来美化自身。国家不动用民力去做无益于百姓的事功，君主家里不收藏华而不实的器具。

12.子曰："禹，吾无间[①]然矣。菲[②]饮食，而致孝乎鬼神；恶衣服，而致美于黻冕[③]；卑宫室，而尽力沟洫[④]。禹，吾无间然矣！"间，非也。菲，薄也。致孝于鬼神，谓祭祀丰洁也。黻，祭服之衣。冕，冠名也。（卷九·论语）

【注释】①无间（jiàn）：无可非议。间：间隙，此处意思是指其间隙而非议之。②菲（fěi）：微薄。③黻冕（fú miǎn）：古时天子临朝或祭祀，所穿的礼服名为黻，所戴的礼帽名为冕。④沟洫：田间的灌溉水沟，借指农田水利。

【译文】孔子说："对于禹，我是找不出他的缺点可以批评的了！禹王自己饮食简单，而祭祀的祭品却丰盛洁净，尽心孝敬祖先；自己平日的衣服很粗劣，而临朝和祭祀的礼服却十分庄严；自己宫室矮小简陋，而尽力于为人民修治沟洫水利。对于禹，我是找不出他的缺点可以批评的了！"

丁、惩忿

13.尔[①]无忿疾[②]于顽，无求备于一人。人有顽嚚不喻，汝当训之。无忿怒疾之，使人当器之，无责备于一夫也。（卷二·尚书）

【注释】①尔：你。此处指周公的次子姬君陈。本句选自《尚书·君陈》篇。周公把殷代遗民中不服从周朝统治的人，迁徙到陪都洛邑，周公亲自督察和管理。周公去世后，周成王令君陈继承周公的职责。此篇是周成王策命之词。②忿疾：忿怒憎恶。

【译文】对于愚昧顽劣之人，你不要愤怒、厌恶（应当耐心开导他）；对任何一个人，都不要求全责备（用人应当发挥他的长处，并协助他提升他的短处）。

14.上无忿怒之志[①]（志作毒），下无伏怨[②]（怨旧作悆，改之）之患。故长利积，大功[③]立，名成于前，德垂[④]于后，治之至也。（卷四十·韩子）

【注释】①志：志作毒，指伤害。②伏怨：潜藏的怨恨。③大功：大功业，大功劳。④垂：留传，流传。

【译文】国君没有因愤怒而对下属与百姓造成伤害，下属与百姓没有因积怨而对国君造成忧患。所以长久的利益得以积聚，伟大的功业得以建立，名望成就于生前，德化垂范于后世，这是治理天下最高的境界。

15.臣有辞拙而意工，言逆而事顺，可不恕之以直乎？臣有朴騃[①]而辞讷[②]，外疏而内敏，可不恕之以质乎？臣有犯难[3]以为士（士疑当作上或主），离谤[4]以为国，可不恕之以忠乎？臣有守正以逆众意，执法而违私志，可不恕之以公乎？臣有不曲己以求合，不耦世[5]以取容[6]，可不恕之以贞乎？臣有从[7]侧陋[8]而进显言，由卑贱而陈国事，可不恕之以难乎？臣有孤特[9]而执节[10]，分立而见毁，可不恕之以劲乎？此七恕者，所以进善接下之理也。（卷四十七·政要论）

【注释】①朴騃（ái）：鲁钝，多用为谦词。騃：愚，呆。②讷（nè）：出言迟钝，口齿笨拙。③犯难：承受风险，不顾危险。④离谤：遭受诽谤。离：遭受，遭遇。后多作“罹”。⑤耦世：适应世俗。⑥取容：讨好别人以求自己安身。⑦从：介词，在，由。⑧侧陋：指出身或地位低下。⑨孤特：特出，孤高。⑩执节：坚守节操。

【译文】有的臣子不善于表达但意见很好，说出来的话不好听，但他的意见能使事情顺利成就，怎能不体察他的正直而宽容对待呢？有的臣子朴实憨厚言语迟钝，外表平常而头脑聪慧，怎能不体察他的质朴而宽容对待呢？有的臣子为了君主宁愿承受风险，为了国家忍受一切诽谤，怎能不体察他的忠诚而宽容对待呢？有的臣子因为恪守正道而违背众人的意愿，执法严明而不顾及个人感情，怎能不体察他的一番公心而宽容对待呢？有的臣子不愿意违背自己心中的道德准则而迎合他人，不迎合世俗以求得苟且容身，怎能不体察他的坚贞而宽容对待呢？有的臣子地位微贱却能提供明智的意见，不顾身处低位而能直陈对国事的主张，怎能不体察他的难能可贵而宽容对待呢？有的臣子性格孤僻但能严守节操，处世独立而受到毁谤，怎能不体察他的刚劲节操而宽容对待呢？这七个方面的恕道，正是进举贤善之人、接纳下层意见的道理啊。

戊、迁善

16.无田[①]甫田[②]，维莠[③]骄骄[④]。兴也。甫，大也。大田过度，而无人功，终不能获。兴者，喻人君欲立功致治，必勤身修德，积小以成高大也。无思远人[⑤]，劳心[⑥]忉忉[⑦]。忉忉，忧劳。此言无德而求诸侯，徒劳其心忉忉然。（卷三·毛诗）

【注释】①无田：没有力量耕种。田：耕作，开垦。②甫（fǔ）田：大田。甫：大。此处“田”指土地。③莠（yǒu）：田间常见杂草，其穗形似狗尾，俗名狗尾草。④骄骄：草盛且高貌。⑤远人：远方之人。⑥劳心：忧心。⑦忉忉（dāo）：忧思貌。忉：忧愁，忧伤。

【译文】农夫无力耕种过大的田地，田地里就只会杂草丛生（比喻君王想建立功勋使国家安定，一定要勤勉地修身养性，积累小的善行来成就大的功绩）。君王无德就别想着远人来归附拥戴，那只会白白地劳心费神。

17.孔子曰：“见善如不及①，见不善如探汤②。”（卷九·论语）

【注释】①不及：赶不上。②汤：烧开的水，沸水。

【译文】孔子说：“见到人有善行，要有慕贤之心，好像跟在别人后面赶路，生怕追不上他；碰到不善的事情，就像以手去探刚烧开的沸水一样，避之唯恐不及。”

18.孟子曰：“子路①人告之以其过则喜；禹闻善言则拜；大舜又甚焉，善与人同，舍己从人，乐取于人以为善。自耕稼陶渔以至为帝，无非取于人者。取诸人以为善，是与人为善也。故君子莫大乎与人为善。”舜从耕于历山及陶渔，皆取人之善谋而从之。故曰：莫大乎与人为善也。（卷三十七·孟子）

【注释】①子路：仲由的字。春秋时鲁国卞（今山东泗水县泉林镇卞桥）人，孔子弟子。又字季路。

【译文】孟子说：“子路听到别人告诉他的过失，就非常欢喜；禹听见人家很好的言论，就虚心拜受；大舜更是如此，他对于行善，没有别人和自己的区别，并且能放下自己的看法，接受别人好的意见，非常快乐地采取别人的长处，拿来行善。从他微贱时从事耕种、烧陶、打渔等行业，一直到当了帝王，没有不是吸取别人的长处，自己照样去做的。吸取别人的长处拿来行善，也就是与人一同行善。所以君子的美德，没有比与人一同行善更大的了。”

己、改过

19.《象》曰：洊雷[①]，震。君子以恐惧修省[②]。（卷一·周易）

【注释】①洊（jiàn）雷：接连不断的雷声。洊：同“荐”。再、屡次、接连之意。②修省：修养道德，省察过错。

【译文】《象传》说：接连不断的雷声，这就是震动的象征。君子此时应当心生敬畏恐惧之感，因此修养道德，省察己过。

20.子曰：“颜氏之子，其殆[①]庶[②]几[③]乎！有不善，未尝不知。知之，未尝复行也。《易》曰：‘不远复，无祇悔[④]，元[⑤]吉。’”（卷一·周易）

【注释】①殆：大概，表揣测。②庶：差不多，近似。③几：心念、事物变化时的隐微迹象、先兆。这里指知几，能洞察机先，念头、事情一发动便知结果。唐代孔颖达先生编订的《周易正义》中说："几，微也，是已动之微。动，谓心动、事动，初动之时，其理未着，唯纤微而已。"④祇（qí）悔：大灾祸。祇：大。悔：过失，灾祸。⑤元：大。

【译文】孔子说："颜渊这个人，差不多接近知几通达的君子了！有了不好的念头和行为，没有自己不知道的。知道了，他不会再次重犯。《周易》复卦初九爻辞说：'迷途了，走出去还没有多远，就能适时回头猛省，便不至于有太大的灾祸，经此警觉，则有大吉。'"

21.才敏过人，未足贵也；博辨[①]过人，未足贵也；勇决[②]过人，未足贵也。君子之所贵者，迁善[③]惧其不及，改恶恐其有余。（卷四十六·中论）

【注释】①博辨：从多方面论说，雄辩。辨：通"辩"。辩论。②勇决：勇敢而果断。③迁善：去恶为善，改过向善。

【译文】才智敏捷过人，不足为贵；博识善辩过人，不足为贵；勇敢决断过人，不足为贵。君子最可贵的地方，就是一心向善唯恐不及，改正错误唯恐遗漏。

22.夫闻过而不改，谓之丧心[①]；思过而不改，谓之失体[②]。失体丧心之人，祸乱之所及也，君子舍[③]旃[④]。（卷四十六·中论）

【注释】①丧心：迷失本心。②失体：迷失天赋的德性。体：禀性，德行。③舍：放弃，舍弃。④旃（zhān）：之，焉。

【译文】知道自己的过错而不改正，叫做迷失本心；反思自己的过错而仍不改正，就叫迷失天赋的德性。迷失本心和德性的人，就是灾祸降临的对象，君子是不会这么去做的。

二、敦亲

甲、总论

23.《易》曰："家道正，而天下定[①]。"由内及外，先王之令典[②]也。（卷二十五·魏志上）

【注释】①家道正而天下定：《易·家人》原文为："父父，子子，兄兄，弟弟，夫夫，妇妇，而家道正；正家，而天下定矣。"②令典：好的典章制度。

【译文】《易经》中说："家庭的规矩端正了，天下就会安定。"由家内而影响到天下，这是古代明君好的典章法度啊！

乙、孝亲

24.立爱惟亲，立敬惟长，始于家邦，终于四海。言立爱敬之道，始于亲长，则家国并化，终洽四海也。（卷二·尚书）

【译文】建立仁爱心从侍奉父母做起，建立恭敬心从对待长者做起，这样爱敬之风起始于家庭和邦国，最终必将扩展到整个天下。（要树立爱敬之道，必得从家中的亲人长辈开始，这样家庭和国家同时都被美德所化，和谐、融洽之风最终必将通达于天下。）

25.是故人道亲亲，言先有恩。亲亲故尊祖，尊祖故敬宗，敬宗故收族①，收族故宗庙严，宗庙严故重社稷，重社稷故爱百姓②，爱百姓故刑罚中，刑罚中故庶民安，庶民安故财用足，财用足故百志成，百志成故礼俗刑③，礼俗刑然后乐。收族，序以昭穆也。严，犹尊也。百志，人之志意所欲也。刑，犹成也。《诗》云："不④显不承⑤？无斁⑥于人斯⑦。"此之谓也。斁，厌也。言文王之德，不显乎？不承先人之业乎？言其显且承之，乐之无厌。（卷七·礼记）

【注释】①收族：凝聚全体家族成员。②百姓：百官。③刑：

成。④不：副词。表否定。一说通"丕"，大。⑤承：尊奉、继承。一说通"烝（zhēng）"，美好。⑥斁（yì）：厌弃。此为《诗经·周颂·清庙》之诗句。《诗经》此字作"射"，当以"斁"字为正。⑦斯：语气词。

【译文】由此可见，人伦大道的根本在于亲爱自己的父母；亲爱自己的父母，所以尊崇祖先；尊崇祖先，所以敬重宗主、敬循宗法；敬重宗主、敬循宗法，所以能以上下、亲疏之序团结族人；以上下、亲疏之序团结族人，所以宗庙祭礼肃穆庄严；宗庙祭礼肃穆庄严，所以能以国家社稷为重；以国家社稷为重，就能爱护百官；爱护百官，刑罚就能公平得当；刑罚公平得当，民众就能安居乐业；民众安居乐业，就能使财用充足；财用充足，则君主和民众各种良善的愿望都能达成；君民各种善愿都达成，则礼仪风俗就自然形成；礼俗形成了，然后人人都能安乐。《诗经·周颂·清庙》说："文王的德行难道不光明，难道不能继承先人的事业？人们永远热爱他而没有人厌弃他啊！"说的正是这个道理。

丙、教子

26.夏为天子十有余世，殷为天子二十余世，周为天子三十余世，秦为天子二世而亡。人性不甚相远也，何三代之君，有道之长，而秦无道之暴①也？其故可知也。古之王者，太子迺②生，固③举以礼，使士负之，有司④齐肃⑤端冕⑥，见于天也；过阙⑦则下，过庙⑧则趍⑨，孝子之道也。故自为赤子⑩，而教固已行矣。（卷十六·汉书四）

【注释】①暴：短促。②迺（nǎi）：始，才。③固：副词，就。④有司：官吏，古代设官分职，各有专司，故称。⑤齐肃：庄重敬慎。齐：同“斋”，指庄重，严肃恭敬。⑥端冕：玄衣和大冠，古代帝王、贵族的礼服。⑦阙：宫门、城门两侧的高台，中间有道路，台上起楼观。⑧庙：指宗庙的前殿，宗庙是先祖灵位的所在。⑨趍（qū）：同“趋”。古代的一种礼节，以碎步疾行表示敬意。⑩赤子：婴儿。

【译文】（贾谊上疏说：）夏朝天子传了十几世，殷朝天子传了二十多世，周朝天子传了三十多世，秦朝天子传到第二世就灭亡了。人的本性相差并不很大，为什么夏、商、周三代的君主治国有道而长久，而秦朝之君却无道又突然灭亡呢？那原因是可以知道的。古代的君王，在太子刚出生时，就用符合礼法的行动来给他示范。让人背着太子，有关官员则恭敬肃穆、衣冠整齐，拜见上天；经过门阙时就下车步行表示礼貌，经过宗庙时就恭敬地小步疾行，这是孝子所行之道。所以从太子还是婴孩时，教育就已经在进行了。

27.凡三王[①]教世子[②]，必以礼乐。乐所以修内[③]也，礼所以修外[④]也。礼乐交错于中，发形于外。（卷七·礼记）

【注释】①三王：指夏禹、商汤、周文王。②世子：天子或诸侯之嫡子中的储君称谓。③修内：指消融其邪慝之气，增进其内心修养。脩：同“修”。④修外：指陶冶其恭肃之仪，培养其温润文雅之象。

【译文】夏禹、商汤、周文王三王教育世子，都是把礼乐作为必修的课程。乐是陶冶薰修内在心性的，礼是恭肃修治外在言行举止的。礼与乐的修养交汇于内心，必定会表现于外在的行为。

28.石碏[①]谏曰：“臣闻爱子，教之以义方，弗纳于邪。骄、奢、淫、泆[②]，所自邪也。四者之来，宠禄[③]过也。”（后补卷四·春秋左氏传上）

【注释】：①石碏（què）：春秋时卫国贤臣。卫庄公宠妾所生的儿子州吁有宠而好武，石碏进谏，庄公不听。石碏之子石厚与州吁交往，石碏禁止，亦不听从。庄公去世后太子完即位，称卫桓公，十几年后，州吁弑桓公而自立为君。因卫国上下都不拥护州吁，石厚便向父亲请教安定君位之法。石碏假意建议石厚跟随州吁去陈国，通过陈桓公朝觐周天子。旋即请陈国拘留两人，由卫国派右宰丑杀了州吁，又使家宰獳羊肩杀了石厚。《左传》称其“大义灭亲”，是一位“纯臣”。②泆（yì）：安逸不劳。③宠禄：谓给予宠幸和富贵。

【译文】大夫石碏劝谏庄公说：“我听说真正爱护孩子，就用道义来教育他，不使他步入邪路。骄傲、奢侈、荒淫、放逸，这样就会走上邪路。这四种恶行的由来，是因为给予宠爱和富贵过度的缘故。”

29.衮[①]病困，令世子曰：“汝幼少，未闻义方，早为人君，但知乐不知苦，必将以骄奢为失也。接大臣，务以礼，虽非大臣，老者犹宜答拜；事兄以敬，恤弟以慈。兄弟有不良之行，当造膝[②]谏之；谏之不从，流涕喻之；喻之不改，乃白其母；若犹不改，当以奏闻，并辞国土。与其守宠罹祸，不若贫贱全身也，此亦谓大罪恶耳。其微过细愆，故当奄覆之。嗟乎！小子，慎脩乃身，奉圣朝以忠贞，事太妃以孝敬。闺闱之内，奉令于太妃；阃阈之外，受教于沛王[③]。无怠乃心，以慰余灵。”（卷二十六·魏志下）

【注释】①衮：曹衮，三国时期曹魏宗室，魏武帝曹操之子，魏文帝曹丕异母弟，母杜夫人。②造膝：到膝前，指到他身边。③沛王：曹林，曹操之子，与曹衮同为杜夫人之子。青龙三年，曹衮有疾，明帝遣太妃、沛王曹林同来省疾。

【译文】曹衮病重之时，教令继承自己王位的儿子说："你年纪尚小，还不懂得为人处世的道理，过早成为人主，若只知道享乐而不知道吃苦，必将会因为骄傲奢侈犯下过失。接待大臣时，务必要遵照礼仪，即使不是大臣，对年老的人也应该回拜；奉事兄长要恭敬，照顾弟弟要慈爱。兄弟有不良的行为，应当到他身边促膝谈心劝谏他；若劝谏不听，就要流着泪开导他；开导他还不改，那就要禀告他的母亲。如果仍然不改，就应当上奏天子，并削夺其封国土地。与其让他保持着恩宠而遭祸，不如身处贫贱而保全性命，当然这说的是大的罪恶。至于微细的过错，就应当为他们掩盖。唉，儿子啊！要谨慎的修养自身，事奉朝廷要忠诚坚贞，侍奉太妃要孝顺恭敬。家里的事应遵从太妃的指令，外面的事要接受伯父沛王的教导。你不要让心懈怠下来，以此来慰藉我的灵魂。"

丁、夫妇

30.关关[①]雎鸠[②]，在河之洲[③]。兴也。关关，和声也。雎鸠，王雎也。鸟挚而有别，后妃悦乐君子之德，无不和谐，又不淫其色，若雎鸠之有别焉，然后可以风化天下。夫妇有别，则父子亲。父子亲，则君臣敬。君臣敬，则朝廷正。朝廷正，则王化成也。窈窕[④]淑[④]

女，君子⑥好仇⑦。窈窕，幽闲也。淑，善也。仇，逑也(仇，逑也，作仇，匹也)。后妃有关雎之德，是幽闲贞专之善女，宜为君子仇逑也(仇逑也，作匹逑也)。(卷三·毛诗)

【注释】①关关：鸟类雌雄相和的鸣声，后亦泛指鸟鸣声。②雎鸠：一种水鸟，传说此鸟配偶固定，情意专一。③洲：水中的陆地。④窈窕：娴静美好。⑤淑：指女子贞静柔善。⑥君子：此处指周文王。⑦好仇(hǎo qiú)：美好理想的配偶。仇：同"逑"，伴侣，配偶。今本《诗经》作"好逑"。

【译文】小岛上双栖的雎鸠相对而唱，发出关关的和鸣。那娴静善良的女子，才是君子理想的配偶。(夫妇是人伦之始，娶得有德的女子，然后可以风化天下，所以文王思得贤女帮助治国。)

三、反身

31.吴阪之马，庸夫统衔[①]则为弊乘，伯乐执辔[②]即为良骥，非马更异，教民亦然也。故遇禹、汤则为良民，遭桀、纣则为凶顽，治使然也。故善治国者，不尤斯民而罪诸己，不责诸下而求诸身。（卷四十七·政要论）

【注释】①衔：马嚼子。青铜或铁制，放在马口内，用以勒马，控制它的行止。②执辔（pèi）：谓手持马缰驾车，引申为驾驭。

【译文】吴阪这个地方的马，平庸的人来驾驭就是劣马，伯乐来驾驭就成了良驹，并不是马的不同（而是驾驭者不同），教化人民也是同样的道理。所以，百姓遇到大禹和汤王这样的圣君则是良民，遇到夏桀和商纣这样的暴君则成了凶恶愚顽之民，这就是不同的治理所造成的。所以，一个善于治理国家的君主，不会怪罪自己的百姓，而是反省自己的过失；不会斥责自己的部下，而会反过来要求自己。

32.君能为善，则吏必能为善矣；吏能为善，则民必能为善矣。故民之不善，吏之罪也；吏之不善，君之过也。呜呼！戒之戒之！（卷四十·贾子）

【译文】君主能够行善，那么官吏就必定能够行善；官吏能够行善，则百姓必定能够行善。所以百姓不善，是官吏之罪；官吏不善，是君主的过失。啊！对此要警惕而又警惕啊！

33.爱人者，则人爱之；恶人者，则人恶之。知得之己者，则知得之人。所谓不出环堵之室①，而知天下者，知反己之谓也。（卷十·孔子家语）

【注释】①环堵之室：四面土墙。形容居室简陋贫寒。

【译文】爱别人的人，别人也爱他；憎恨别人的人，别人也憎恨他。知道自己修身有得，就知道能获得众人的支持。所谓不出小屋而知天下，就是懂得反回头来修养自己。

34.古之大君子，修身治人，先正其心，自得而已矣。

能自得，则无不得矣；苟自失，则无不失矣。无不得者，治天下有余。故否则保身居正，终年不失其和；达则兼善天下，物无不得其所。无不失者，营妻子不足。故否则是己非人，而祸逮乎其身；达则纵情用物，而殃及乎天下。（卷四十九·傅子）

【译文】古代圣明的君主，修养自身、治理人民，首先端正自己的思想，使自己保持在正道之中而已。自己能持守正道，那么做任何事情都能得当；假如自己失去正道，那么做任何事情都会失当。做事都能守正而得当，治理天下就有余力。所以时运不通时则保全自身、遵循正道，终年持守中和；时运通达时则兼济天下，使所有人事物各得其所。假如做事都偏离正道而失当，那么养妻育子尚且不足。所以（失去正道的君主）时运不通时就会肯定自己、指责别人，导致灾祸降临其身；时运通达时则放纵欲望，挥霍无度，以致殃及天下。

35.原[①]天命[②]，治心术[③]，理好恶，适情性[④]，而治道[⑤]毕矣。原天命，则不惑祸福，不惑祸福，则动静[⑥]脩理[⑦]矣；治心术，则不妄喜怒，不妄喜怒，则赏罚不阿[⑧]矣；理好恶，则不贪无用，不贪无用，则不以物害性矣（本书不以物害性矣，作不害物性）。适情性，则欲不过节，欲不过节，则养性[⑨]

知足矣。四者不求于外，不假于人，反诸己而已。（卷八·韩诗外传）

【注释】①原：参究，推究。②天命：指宇宙自然的规律、法则。③心术：内心。④情性：情感，秉性。⑤治道：这里指修养自己的方法。⑥动静：行动与止息。⑦脩理：当代赵善诒先生认为，“脩”为“循”之形讹，“脩理”当作“循理”。今从之。⑧阿（ē）：徇私，偏袒。⑨养性：谓修养身心，涵养天性。

【译文】参究天道自然的规律，修正自己的心念，调理自己的好恶，使自己的情感秉性保持适度，如此治国之道就完备了。参究天道自然的规律，就不会不知道祸福的起因与发展，清楚祸福的起因与发展，那么行动与止息都能恰当合理；修正自己的内心，就不会胡乱高兴或发怒，不胡乱高兴或发怒，赏罚就不会偏袒；调理好自己的好恶之情，就不会贪图无用之物，不贪图无用之物，就不会因外物而伤害了本性；使自己的情感秉性保持适度，欲望就不会超越节度，欲望不超越节度，便能涵养天性、知道满足了。这四个方面不必向身外寻求，也不必藉助他人，只需反过来要求自己而已。

36.传[1]曰：“审好恶，理情性，而王道[2]毕矣。”能尽其性，然后能尽人物之性；能尽人物之性，可以赞天地之化。

治性之道，必审己之所有余，而强其所不足。盖聪明疏通[③]者戒于大[④]察；寡闻少见者戒于雍蔽[⑤]；勇猛刚强者戒于大暴；仁爱温良者戒于无断；湛静[⑥]安舒者戒于后时；广心浩大者戒于遗忘。必审己之所当戒，而齐之以义，然后中和之化应，而巧伪之徒不敢比周[⑦]而望进。（后补卷二十·汉书八）

【注释】①传：《韩诗外传·卷二》云："理好恶，适情性，而治道毕矣。"②王道：以德治国之道。③疏通：通达。④大："太"的古字，表示程度过分。⑤雍蔽：蒙蔽；隔绝。雍：通"壅"，堵塞。⑥湛（chén）静：沉着冷静。湛："沈"的假借字（后世"沈"字多写作"沉"）。⑦比周：结党营私。比：勾结。

【译文】经传上说："审察自己的善恶，调理自己的情性，而王道也就在其中完成了。"（调理情性后）能够完全开显、发挥自己的本性，然后就能明了及发挥他人和万物的本性；能明了及发挥他人和万物的本性，就能辅助天地化育万物。调理情性的方法，一定要分辨自己有余之处，然后勉力弥补自己的不足。一般说来，聪明通达的人，应戒除过分的苛察；见闻不广的人，应避免闭塞不通；勇猛刚强的人，应杜绝过于暴烈；宽仁慈爱、温和善良的人，应警惕不够果断；沉着安静、行动舒缓的人，应防止错过时机；心胸广大的人，应戒备遗忘事情。一定要仔细分辨自己应当警戒的地方，并用义理调整自己，这样才能达到性情中和有度，而巧佞虚伪之徒不敢相互勾结营私，企望晋升。

37.孔子曰："君子者盂①也，民者水也。盂方则水方，盂圆则水圆。"上何好而民不从？（卷三十六·尸子）

【注释】①盂（yú）：盛食物或浆汤的容器。

【译文】孔子说："君王就好像是器皿，黎民百姓就好像是水。器皿是方的，水就呈现方的形状；器皿是圆的，水就呈现圆的形状。"领导者有什么喜好而百姓不效仿趋从的呢？

38.上求材，臣残木；上求鱼，臣干谷①；上求楫②，而下致③船；上言若丝，下言若纶④。上有一善，下有二誉；上有三衰⑤，下有九杀⑥。衰杀皆喻俭（俭作踰）也。传曰："上之所好，下尤（尤作有）甚焉。"故有九杀也。（卷四十一·淮南子）

【注释】：①谷：山间的水流。②楫（jí）：船桨，短曰楫。③致：奉献，献纳。④纶（lún）：粗丝线。⑤衰：减少。⑥杀：降等，减少。与"衰"相近，都比喻节俭。《群书治要》小注为"衰杀皆喻俭"。"天明本"校勘记云"俭作踰"，是当时校勘者用所搜集的《淮南子》许慎、高诱注本，比对《群书治要》中相应的小注而记录的。

近代吴承仕先生认为:“等衰隆杀, 礼家之常言, 过制为奢, 降省为俭, 故注以‘衰杀喻俭’也。《治要》所引近之。误‘俭’作‘踰’, 翩其反矣。”今从吴说。

【译文】领导要用木材,下属就会毁坏林木;领导要吃鱼,下属就会放干河谷的水;领导要用船桨,下属就会献上整条船只;领导说的话若像一根细丝,下属说的话就会像一根粗丝绳。领导有一分善行,下属就有两分赞誉;领导奢欲减少三分,下属就会减少九分。

四、尊贤

39.古者圣王之为政，列[1]德而尚贤；虽在农与工[2]肆[3]之人，有能则举之，高与之爵，重与之禄，任之以事。非为贤赐也，欲其事之成。故当以德就列，以官服事[4]，以劳受赏，量功而分禄。故官无常贵，而民无恒贱，有能则举之，无能则下之。举公义，避私怨，故得士。得士则谋不困，体不劳，名立而功成，美章而恶不生。故尚贤者，政之本也。（卷三十四·墨子）

【注释】①列：列入位次。②工：古时对从事各种技艺的劳动者的总称。③肆：作坊，店铺，市集。④服事：承担公职，为公家服务。

【译文】古代的圣王治理国政，使有德者列于其位，使贤能者得到尊重；即使是务农和做工经商的人，有德能的就会被选拔举荐，给他们很高的爵位，给他们很丰厚的俸禄，把政事交付给他们。这并不是因为他们贤能便赏赐，而是想要通过他们成就事业。所以，应当根据德行担任职位，根据官职承担责任为国服务，论政绩接受奖赏，按功劳分得俸禄。所以官吏不会始终尊贵，而百姓也不会终生卑贱，有德能就会得到选拔举荐，无德能就会被免职。按公义提拔人，而不以私怨罢黜人，所以能获得贤士。（君王）得到贤才则智谋不会穷尽，身体不会疲劳，名声树立且功业成就，美德得到彰显而邪恶不会产生了。因此说尊重贤才是为政的根本。

40.语曰："世有乱①人，而无乱法。"若使法可专任，则唐、虞可不须稷②、契③之佐，殷、周无贵伊④、吕之辅矣。（卷二十五·魏志上）

【注释】①乱：治理。②稷（jì）：唐、虞时代的贤臣。稷，又称"后稷"，周之先祖。虞舜命为农官，教民耕稼。③契（xiè）：人名。传说中商的祖先，为帝喾（kù）之子。舜时佐禹治水有功，任为司徒，封于商，赐姓子氏。④伊：伊尹，商汤大臣，名伊，一名挚，尹是官名。辅助成汤征伐夏桀，被尊为阿衡。汤去世后，历佐外丙、仲壬二王。后太甲即位，因荒淫失度，被伊尹放逐到桐宫，三年后再迎接悔过的太甲恢复王位。

【译文】俗话说："世上有能治理好国家的人才，却没有能脱离人的实施而自动治理好国家的法令制度。"如果治理国家可以只依靠法令的话，那么唐尧、虞舜也就用不着稷、契的辅佐，商王、周王也就不必重视伊尹、吕尚的辅助了。

41.凡治之道，莫如因[①]智；智之道，莫如因贤。譬之犹相马而借伯乐也，相玉而借猗顿[②]也，亦必不过[③]矣。（卷三十六·尸子）

【注释】①因：依托，利用，凭借。②猗顿：战国时大富商，后以"猗顿"为富户的通称。③过：过失，错误。

【译文】大凡治国之道，莫过于依靠智慧；依靠智慧，莫过于任用贤才。就好像识别良马一定要借助伯乐，挑选美玉一定要依靠猗顿一样，就必定不会有所失误。

42.绝[①]江者托于船，致远者托[②]于骥[③]，霸王[④]者托于贤。（卷三十九·吕氏春秋）

【注释】①绝：横渡。②托：凭借。③骥：骏马。④霸王：成就霸业或王业。霸业指凭借武力、刑法、权势等进行统治的功业；王业指以仁义治天下，达到政治清明、社会安定的功业。

【译文】横渡江河的人要依靠船只，去往远方之人要依靠良马，成就霸业或王业的人要依靠贤臣。

43.夫鸟兽鱼犹知假，而况万乘之主乎，而独不知比假天下之英雄俊士，与之为伍，则岂不痛哉！故曰：以明扶明，则升于天；以明扶闇，则归其人；两瞽相扶，不触墙木，不陷井阱[①]，则其幸也。（卷八·韩诗外传）

【注释】①阱（jǐng）：地上挖的陷坑。

【译文】鸟兽游鱼尚且知道凭借他力，何况是拥有万乘兵车的国主，却偏偏不知道借助天下英雄贤士的力量，与他们为伴，这怎么不让人感到痛惜呢！所以说，眼睛明亮的人扶助眼睛明亮的人，就可以登高致远，直上云端；眼睛明亮的人扶助失明的人，可以把失明的人送回家；但是两个失明的人互相扶持，不撞在墙壁和树木上、不掉进水井或陷阱里，就算是幸运的了。

44.闻贤而不举，殆也；闻善而不索[①]，殆也；见能而不使，殆也；亲仁而不固[②]，殆也；同谋而离[③]，殆也。（卷三十二·管子）

【注释】①索：寻求，探索。②固：坚定，确定。③离：背离，违背。

【译文】领导者知有贤才却不举用，（国家或团体）会危险；听说有善人而不访求，（国家或团体）会危险；见到有能人而不任用，（国家或团体）会危险；亲近仁德之人而信心不坚定，（国家或团体）会危险；共同谋事而又互相背离，（国家或团体）会危险。

45.孙子[①]曰："人主之患[②]，不在于言不用贤，而在于诚不用贤。言用贤者口也，却贤者行也；口行反，而欲贤者之进、不肖之退，不亦难乎？"善哉言也！（卷四十六·中论）

【注释】①孙子：即荀子，名况，字卿，战国末期赵国人。我国古代著名思想家，文学家，政治家。西汉时因避宣帝刘询讳，而"荀"与"孙"二字古音相通，故又称孙卿。②患：祸害、灾难。

【译文】荀子说："君主的祸患，不在于口头上说不任用贤才，而在于不能真心实意地任用贤才。口头上说任用贤才，行动上拒绝贤才；言行相反而想要贤才到来、不贤的人离去，不是很难吗？"这番话说得多么好啊！

46.帝者与师处，王者与交（交作友）处，亡主与役处。（卷三十四·鹖冠子[①]）

【注释】①鹖（hé）冠子：相传为战国时期楚国隐士，常常戴着以鹖的羽毛装饰的帽子，故被称为鹖冠子。

【译文】成就帝业的君主与老师相处（尊重贤人为自己的老师，恭敬地向贤人学习）；成就王业的君主与朋友相处（把贤人当成自己的朋友，与他们互相切磋）；导致国家灭亡的君主与仆役相处（把他人都当成自己的仆役，自高自大）。

47.师臣者帝，宾[①]臣者霸。故武王以大公[②]为师，齐桓以夷吾[③]为仲父[④]。（卷二十二·后汉书二）

【注释】①宾：以客礼相待。②大公：即太公望（吕尚）。姜姓，吕氏，名尚。俗称姜太公。③夷吾：管仲，名夷吾。④仲父："仲"为管仲之字。父，指齐桓公事管仲如父。

【译文】把臣子当老师一样对待的能够称帝，把臣子当宾客一样对待的能够称霸。所以周武王以姜太公为师，齐桓公以管仲为仲父。

48.治国安家，得人者也；人，谓贤人也。伊尹赴而汤隆，甯戚到而齐兴。亡国破家，失人者也。微子去而殷灭，伍员奔而楚亡。是以明君贤臣，屈己而申[①]人。（卷四十·三略）

【注释】①申：伸展，伸张。

【译文】国治家安，是因为得到了贤人；国破家亡，是由于失去了贤人。因此，明君贤臣哪怕是委屈自己，也要使贤能之人的才华得到施用，心志得到舒展。

49.贤人在上位，则引[1]其类而聚之朝；在下位，则思与其类俱进[2]。故汤[3]用伊尹，不仁者远而众贤至，类相致[4]也。（卷十五·汉书三）

【注释】①引：荐举。②进：进仕，出仕。③汤：商朝的开国之君，又称成汤、成唐、武汤、武王、天乙等。④致：招引，招致。

【译文】贤人居于上位，就会引荐和自己同样贤德的人聚集在朝廷；贤人身在下位，就会期望与自己同样贤德的人一起得到任用。所以成汤举用伊尹，不仁的人远离，而众多贤能之人就到来了，这是同类相互感召的结果。

50.郑简公谓子产曰："饮酒之不乐，钟鼓之不鸣，寡人之任也；国家之不入（入疑乂），朝廷之不治，与诸侯交之不得志，子之任也。"子产治郑，国无盗贼，道无饿人。孔子曰："若郑简公之好乐，虽抱钟而朝可也。"夫用贤，身乐而名附，事少而功多，国治而能逸。（卷三十六·尸子）

【**译文**】郑简公对子产说："饮酒时不奏乐，钟鼓不鸣，这是我的责任；如果国家没有收入，朝廷得不到治理，与诸侯国交往而不能实现志愿，就是你的责任了。"子产治理郑国，国家没有盗贼，路上没有饥饿的人。孔子说："像郑简公那样喜好音乐，就是抱着钟鼓上朝也可以啊。"善于任用贤才，就能身享安乐而声名自然到来，事务少而功绩多，国家得到治理而自身也能安逸。

五、纳谏

51.至忠逆于（旧无逆于之于字，补之）耳、倒于心，倒，亦逆也。非贤主，其孰能听之？听，受。故贤主之所说①，不肖主之所诛也。贤主悦忠言。不肖主反之。今有树于此，而欲其美也，人时灌之则恶之，恶其灌之者也。而日伐其根，则必无活树矣。夫恶闻忠言，自伐之精者也。精犹甚，甚于自伐其根也。（卷三十九·吕氏春秋）

【注释】①说（yuè）：后作“悦”。喜悦，高兴。

【译文】至忠之言会让人觉得不中听、不顺心，若不是贤明的君主，有谁能接受呢？所以贤明的君主所喜欢的，正是昏庸的君主所要惩罚诛除的。假如这里有一棵树，自己希望它生长茂盛，可是别人按时浇灌它，自己却讨厌浇灌人的行为，并且每天砍伐树根，那么这棵树必定活不了。厌恶听取忠言，正是最严重的自我毁灭的行为啊！

52.夫明主之听于群臣，其计可用也，不羞其位；其言可行也，不责[①]其辩。闇主则不然，信所爱习亲近者，虽邪枉[②]不正，不能见也；疏远卑贱者，虽竭力尽忠，不能知也。有言者穷之以辞，有谏者诛[③]之以罪。如此而欲炤[④]海内、存[⑤]万方，是犹塞耳而听清浊，掩目而视青黄也，其离聪明亦远矣。（卷四十一·淮南子）

【注释】①责：要求，期望。②邪枉：邪曲，不合正道。③诛：惩罚，责罚。④炤（zhào）：同“照”，照耀。⑤存：抚慰，顾恤。

【译文】贤明的君主听取群臣的建议，如果臣下的策略可用，就不应当因说话人的地位低下而耻于采用；如果臣下的言论可行，就不会责求他们要能言善辩。昏庸的君主就不是这样，他信任、偏爱平素与自己亲近的人，虽然他们奸邪枉法、品行不端，他却看不见；他疏远地位卑贱的人，虽然他们竭尽忠诚奉献才智，他却不知道。有人进言时，他要追根问底使对方理屈词穷；有直言规劝的，他就用某种罪名予以惩处。这样做还想要光耀海内、抚恤天下的百姓，就像是塞着耳朵去听辨乐声的清浊、蒙上眼睛却想看清楚颜色，这样离耳聪目明也太远了。

53.明主垂宽容之听，崇谏争之官，广开忠直之路，不罪狂狷[1]之言。然后百僚在位，竭忠尽谋，不惧后患，朝廷无谄谀之士，元首[2]无失道之愆[3]。（卷十九·汉书七）

【注释】①狂狷（juàn）："狂"原指进取于善道，知进而不知退的人；"狷"原指守节无为，应进而退的人。两者各有优点，狂者进取，狷者有所不为。此文为当时几位大臣联合上书，劝汉成帝不要诛伤谏臣刘辅，故此处指狂妄褊急。②元首：君主。③愆：罪过，过失。

【译文】圣明的君主能宽容地听取下边的谏言，尊敬推崇敢于谏诤的官员，广开忠诚正直者的进谏之路，不怪罪下属狂妄褊急的话。这样才能使朝中百官安居其位，竭尽忠诚与智谋，不害怕有后患，朝廷就不会有谄媚阿谀的人，君主就不会有不合道义的过失。

54.防[1]民之口，甚于防水。水壅[2]而溃[3]，伤人必多，民亦如之。是故为水者，决[4]之使导；为民者，宣[5]之使言。故民之有口，犹土之有山川也，财用于是乎出；犹其有原隰衍沃[6]也，衣食于是乎（旧无出犹至是乎十四字，补之）生；口之宣[7]言也，善败[8]于是乎兴[9]。夫民虑之心，而宣之口，成而行之。若壅其口，其与能几何？（卷十一·史记上）

【注释】①防：堤坝。这里用作动词，堵塞。②壅：堵塞。③溃：决口。④决：排除壅塞，疏通水道。⑤宣：疏通，疏导。⑥原隰（xí）衍沃："原"指宽阔平坦的土地；"隰"指低下而潮湿的土地；"衍"指低下而平坦的土地；"沃"指有河流灌溉的土地。⑦宣：宣布，传布，公开说出。⑧善败：成败。⑨兴：事情的发生或出现。

【译文】堵塞百姓的口，后果比堵住河流更加严重。河水堵塞而蓄积，一旦决口，伤害的人一定会很多，堵塞了百姓的口也是一样的道理。所以治水的人，要疏通水道，使水流通畅；治理百姓的人，要开导他们，让他们讲话。因此，百姓有嘴巴，正像大地有山河一样，于是人类的财物就从这里产生；又犹如大地有平洼高低各种不同的地形一样，于是人类的衣食资源就从这里产生；能让百姓尽情说话，国家政事的好坏才能充分显示。百姓把心里想的公开说出来，成熟的意见就可以实施。如果堵住百姓的嘴不让他们说话，这样做能长久吗？

55.汤曰："予有言，人视水视形，视民知治不①。"伊尹曰："明哉！言能听，道乃进。君国子民，为善者在王官②，勉③哉勉哉！"（卷十一·史记上）

【注释】①不：同"否"。②王官：王朝的官员。③勉：尽力，努力。

【译文】汤王说："我说过，人看水可以照见自己的容貌，看民众生活情况可以得知政治是否清明。"伊尹说："这话说得透彻极了！能听进别人的意见，治国之道才会有长进。治理国家，抚育万民，就得让贤能的人担任王朝的重要官职。努力吧，努力吧！"

56.夫子[①]语我[②]九言曰："无始乱，无怙[③]富，无恃宠，无违同，无敖[④]礼，无骄能，以能骄人。无复怒，复，重也。无谋非德，非所谋。无犯非义。"言简子能用善言，所以遂兴也。（卷六·春秋左氏传下）

【注释】①夫子：古代对男子的敬称。此处指春秋时郑国正卿游吉。其人年少有仪度，支持子产改革，后继子产执政。长于外交辞令，多次出使晋、楚大国。②我：此处是晋国大夫赵简子自称。赵简子因善于吸取他人有益之言，而能建功立业。本条选文是游吉去世后，赵简子亲临哭吊时所追述的游吉曾给他的忠告。③怙（hù）：依赖，凭恃。④敖：傲慢，骄傲。后通作"傲"。

【译文】夫子对我说了九句话："不可成为祸乱的源起，不可依仗钱财权势，不可依仗宠爱，不可违背大众共同的意愿，不可傲慢对待有礼之人，不可因有能力而骄傲，不可对同一件事再次动怒，不可图谋不合道德的事，不可触犯不合正义的事。"

六、杜谗邪

57.否。《彖》[①]曰：天地不交，而万物不通；上下不交，而天下无邦也。内阴而外阳，内柔而外刚，内小人而外君子。小人道长，君子道消也。（卷一·周易）

【注释】①彖（tuàn）：此处为否卦的彖辞。孔子所作彖辞，统论一卦之义，或说其卦之德，或说其卦之义，或说其卦之名。

【译文】否卦《彖传》说：天地不能通气，万物就不能生长；君臣之间不沟通，（上下的观念就很难达成一致，必然会导致民心离散），政权也就不能存在了。坤代表柔，是内卦；乾代表刚，是外卦。卦象表明：自私自利的小人在位，而贤德的君子在野。象征小人道长，君子道消的情况。（这是一个国家、团体要衰败的征兆。）

58.仆臣[①]正，厥[②]后[③]克[④]正；仆臣谀，厥后自圣。言仆臣皆正，则其君乃能正。仆臣谄谀，则其君乃自谓圣。后德惟[⑤]臣，弗德惟臣。君之有德，惟臣成之。君之无德，惟臣误之。言君所行善恶，专在左右也。尔无昵[⑥]于憸人[⑦]，充耳目之官，迪[⑧]上以非先王之典。汝无亲近憸利小子之人，充备侍从，在视听之官，导君上以非先王之法也。（卷二·尚书）

【注释】①仆臣：臣属，臣僚。②厥：代词，其。③后：君主，帝王。④克：能够。⑤惟：介词，也作“唯”、“维”，相当于“以”、“由于”。⑥昵（nì）：亲近，亲昵。⑦憸（xiān）人：小人，奸佞的人。憸：奸佞，邪僻。⑧迪：开导，引导。

【译文】（周穆王任命伯冏为太仆正来领导身边的侍御人员，策命书中说：）身边的仆从和近臣都是中正之士，其君主也会保持中正；仆从和近臣谄媚，君主就会自以为圣明。君主有德在于臣下，君主失德也在于臣下。你不要亲近奸佞小人，不要让他们担任充当君王耳目的职位，以免诱导君王违背先王的典制。

59.臣闻天下之祸，不由于外，皆兴于内。是故虞舜升朝[①]，先除[②]四凶[③]，然后用十六相[④]。明恶人不去，则善人无由[⑤]进也。（卷二十三·后汉书三）

【注释】①升朝：上朝，到朝廷议事。②除：驱除，肃清。③四凶：相传为尧舜时代四个恶名昭彰的部族首领，后世多用以比喻凶狠贪婪的朝臣。④十六相：即十六族。指古代传说的高阳氏的后代八恺和高辛氏的后代八元，为舜向尧推荐的十六个贤臣。因其各有大功，皆赐氏族，故称。⑤无由：没有门径，没有办法。

【译文】（傅燮上疏劝谏说：）臣听说天下的祸患，并不是由外引起的，都是由内产生的。所以虞舜上朝议事，首先驱除四位恶名昭彰的部族首领，然后任用十六位贤臣。以此表明如果恶人不除去，善人就无法得到进用。

60.方正之臣得用，则奸邪之臣困[①]伤矣。是方正之与奸邪，不两进之势也。奸邪之在主之侧者，不能勿恶之；惟恶之，则必候主间[②]而日夜危之。人主弗察而用其言，则忠臣无罪而困死，奸臣无功而富贵。故曰："忠臣死于非罪，而邪臣起于非功。"（卷三十二·管子）

【注释】①困：陷在艰难困苦里，或受环境、条件等因素限制住。②间（jiàn）：嫌隙，隔阂。

【译文】品行正直的臣子得到进用，那么奸邪之臣就会困窘而毁败了。这就是正直之臣与奸邪之臣不能同时进用的道理。奸邪之臣在君主身边，就不能不憎恶正直的忠臣；既然憎恶，就必然窥伺君主与忠臣有隔阂的时机而日夜图谋危害。如果君主不能明察而听用奸邪之言，忠臣就会无罪而被迫害至死，奸臣就会无功而得到富贵。所以说：“忠臣往往死于无罪，邪臣往往兴起于无功。”

61.世俗之人，闻誉则悦，闻毁则戚[①]，此众人之大情[②]。有同己则喜，异己则怒，此人之大情。故佞人[③]善为誉者也，善顺从者也。人言是，亦是之；人言非，亦非之。从人之所爱，随人之所憎。故明君虽能纳正直，未必亲正直；虽能远佞人，未必能疏佞人。故舜、禹者，以能不用佞人，亦未必憎佞人。语曰：“佞辨惑物[④]，舜、禹不能得憎。”不可不察乎！（卷三十七·尹文子）

【注释】①戚：愤恚，愤怒。②众人之大情：社会大众的普遍心理。③佞人：善于花言巧语、阿谀奉承的人。④物：人，众人。

【译文】世上的一般人，听到别人赞誉自己就高兴，听到别人批评自己就生气，这是人之常情。别人的意见与自己的意见相同就高兴，不同就恼怒，这也是人之常情。所以佞人都善于说赞美的话，都善于迎合他人。别人说正确，他也说正确；别人说不正确，他也说不正确。迎合别人所爱好的，附和别人所憎恶的。所以贤明的君主虽然能重用正直无私的人，但不一定愿意亲近他们；虽然不重用奸邪之人，但不一定愿意疏远他们。因此，即使像虞舜、夏禹这样贤明的君主，也只能做到不用奸邪之人，却不一定会憎恶奸邪之人。古话说："巧辩之人能够迷惑人心，虞舜、夏禹也做不到很理智地憎恶他们。"对此不能不明察呀！

62.或问："佞孰为大？"傅子曰："行足以服[①]俗，辨足以惑众，言必称乎仁义，隐其恶心而不可卒见，伺[②]主之欲微合之，得其志敢以非道陷善人，称之有术，饰之有利，非圣人不能别。此大佞也。其次，心不欲为仁义，言亦必称之，行无大可非，动不违乎俗，合主所欲而不敢正也，有害之者然后陷之。最下佞者，行不顾乎天下，唯求主心，使文巧辞自利而已，显然害善，行之不怍[③]。"（卷四十九·傅子）

【注释】①服：使信服，使佩服。②伺：窥伺，窥探，观察。③怍（zuò）：惭愧。

【译文】有人问："什么样的人才算最大的佞臣？"傅子回答："行为足以让社会大众信服，诡辩足以迷惑众人，言论必称仁义，隐藏其险恶之心而人不能一下子看透，窥探君主的欲望而暗中巧妙迎合，得志时敢用不道义的方式陷害好人，以一定的策略方法称叹自己种种害善之行，以利益国家为由掩饰自己的害善之举，若不是圣人则不能识别。这种人是最大的佞臣。其次，内心不想实行仁义，言谈却必称仁义，行为没有让人引起大的非议的，行动也不违背世俗习惯，迎合君主的私欲而不敢去矫正，有危害自己的人则会加以陷害。最下等的佞臣，是其作为不顾忌天下人的非议，只求迎合君主心意，言语华美而虚浮不实，以求利己而已，很明显地残害贤善之臣，但我行我素，毫不觉得惭愧。”

63.齐桓公问于管仲[①]曰：“国何患？”对曰：“患夫社鼠[②]。”桓公曰：“何谓也？”对曰：“夫社束木而涂之，鼠因往托焉。熏之则恐烧其木，灌之则恐坏其涂。此鼠所以不可得杀者，以社故也。夫国亦有社鼠，人主左右是也。内则蔽善恶于君上，外则卖权重于百姓。不诛之则为乱，诛之则为人主所案据，腹有之[③]，此亦国之社鼠也。”（卷四十三·说苑）

【注释】①齐桓公问于管仲：事又见《晏子春秋》，问者为景公，答者为晏子。②社鼠：社庙中的鼠，比喻有所依恃的小人。社：社坛，祭祀土地神之处。③诛之则为人主所案据，腹有之：《群书治要》“天明本”断句为：“诛之则为人主所案，据腹有之”。清代王念孙先生校勘《晏子春秋》，认为“案”字当与下文“据”字连读为“案据”，意思是“安定之”。今从之。“腹有之”，《说苑》通行本作“腹而有之”，《韩诗外传》作“覆而育之”。指保护和豢养他们。

【译文】齐桓公问管仲道：“治理国家所担心的是什么？”管仲回答说：“担心社庙的老鼠。”桓公问：“什么意思呢？”管仲回答说：“那社庙是用木头排列后再涂上泥做成的，老鼠便栖身其中。若用烟熏牠，则害怕会烧坏木头；若用水灌牠，又害怕冲坏了涂在上面的泥。这里面的老鼠之所以不能被杀死，是因为社庙的缘故。国家也有社鼠，君主身边的亲信就是。他们在宫内对君主隐瞒一切善恶情况，在宫外就仗势欺人，压榨百姓。不诛杀他们就会造成祸乱，要杀掉他们，他们又被君主所庇护，君主保护和豢养他们，这些人就是国家的社鼠。”

七、审断

64.圣人择可言而后言，择可行而后行。偷[①]得利而后有害，偷得乐而后有忧者，圣人不为也。故圣人择言必顾其累，择行必顾其忧。（卷三十二·管子）

【注释】①偷：苟且（只图眼前，得过且过）。

【译文】圣人选择可以说的话，然后才说；选择可以做的事，然后才做。只图眼前得到利益而将来会有祸害，只图眼前得到快乐而将来会有忧患的事，圣人是不会做的。所以，圣人选择说什么话，一定会考虑到它可能造成的麻烦；选择做什么事，一定会考虑到它可能带来的忧患。

65.上下离而不和，故虽自安，必且危之。故曰："上下不

和，虽安必危。”（卷三十二·管子）

【译文】（臣下不亲近他们的国君，百姓不相信他们的官吏，）上下离心不相和睦，虽然自认为安定，也必将走向危亡。所以说：“上下不和，虽一时安定，也必将危亡。”

66.今不务明其义，而徒设其禄，可以获小人，难以得君子。君子者，行不苟合①，立不易方②，不以天下枉道③，不以乐生害仁，安可以禄诱哉？虽强缚（缚作搏）执之，而不获已，亦杜口佯愚，苟免不暇。国之安危将何赖（赖下有焉字）？（卷四十六·中论）

【注释】①苟合：不依道义行事，只知阿谀迎合。②易方：改变做人之常道。方：道理，常规。③枉道：违背正道。

【译文】（君王）如今若不致力修明仁义，而空设高官厚禄，可以得到小人，但难以得到君子。所谓君子，不会阿谀迎合而不以道义行事，处世不改变做人之常道，不为世人的喜好而违背道义，不为保全自己的生命而损害仁爱，怎么可以用高官俸禄去诱惑他呢？即使用强制的手段控制他，也不能让他屈服，他也只是闭口不言，佯装愚钝，苟且让自己避免伤害都来不及，没有余力再帮助国家。（到此地步），国家的安危又将依赖什么呢？

67.人臣有三罪：一曰导（导下有非字）；二曰阿失[①]；三曰尸宠[②]。以非先（先作引）上，谓之导；从上之非，谓之阿；见非不言，谓之尸。导臣诛，阿臣刑，尸臣绌[③]。（卷四十六·申鉴）

【注释】①阿失：曲从（君上的）过失。②尸宠：谓臣见君非而不谏，徒被宠幸。③绌（chù）：通"黜"，贬退，废除。

【译文】臣子有三种罪：一是引导君主做不正当的事情；二是一意迎合君主的过失；三是不尽忠直之道而取宠。用不正当的言行引导君主称为导；顺从君主做不正当的事情称为阿；见到不正当的事情不规劝称为尸。引导君主干不正当事的臣子应被诛杀，阿意迎合的臣子应当被处罚，在其位而不尽忠劝谏的臣子应当被罢免。

68.臧孙曰："季孙之爱我，疾疢[①]也；志相顺从，身之害。孟孙之恶我，药石[②]也。志相违戾，犹药石疗疾。美疢不如恶石。夫石犹生我；愈己疾也。疢之美，其毒滋[③]多。孟孙死，吾亡无日矣。"（卷五·春秋左氏传中）

【注释】①疾疢（chèn）：病害。疢：烦热，疾病。②药石：药剂和砭石，泛指药物。③滋：愈益，更加。

【译文】臧武仲说："季武子喜欢我（志意相投，顺从我意），犹如使我没有痛苦地患上热病；孟庄子厌恶我（志意相违），犹如治愈我疾苦的药石。没有痛苦的热病不如使人痛苦的药石。药石还能治病，使我活下去；患热病而不知痛苦，它的毒害就更深了。如今孟庄子死了，我离灭亡也没有多少日子了。”

69.善善而不能用，恶恶而不能去。彼善人知其贵己而不用则怨之；恶人见其贱[①]己而不好[②]则仇之。夫与善人为怨，恶人为仇，欲毋亡，得乎？（卷四十四·桓子新论）

【注释】①贱：轻视，鄙视。②好（hào）：喜爱，爱好。

【译文】领导人喜欢善人却不去任用，憎恶恶人却不去罢免。那些善人知道他看重自己却不被任用，就会抱怨他；恶人看到他鄙视自己而得不到他的喜欢，就会怨恨他。与善人结怨，与恶人结仇，想不灭亡，可能吗？

70.庆郑曰：“背施[①]，无亲；幸灾[②]，不仁；贪爱，不祥[③]；怒邻，不义[④]。四德皆失，何以守国？”（后补卷四·春秋左氏传上）

【注释】①背施：背弃恩施。②幸灾：因别人遭灾而高兴。③贪爱，不祥：贪所爱之货利而不以与人，则祸殃将至。④怒邻，不义：

使邻国忿怒，不合道义。

【译文】晋大夫庆郑说："背弃别人的恩惠就会失去亲近自己的人；对别国的灾害幸灾乐祸就是不仁；贪所爱之货利而不舍得给人就是不祥；激怒邻国就是不义。这四种道德都丧失了，靠什么来保护国家呢？"

71.阳门[①]之介夫[②]死，阳门，宋国门也。介夫，甲胄卫士。司城[③]子罕入而哭之哀。子罕，乐喜也。晋人之觇[④]宋者，反[⑤]报于晋侯曰："阳门之介夫死，而子罕哭之哀，而民悦，殆不可伐也。"觇，窥视也。孔子闻之曰："善哉，觇国乎！"善其知微。（卷七·礼记）

【注释】①阳门：宋国的城门名。②介夫：披甲的卫士。③司城：即司空，主管城郭。④觇（chān）：窥看，侦查。⑤反：通"返"。

【译文】宋国阳门有个卫士死了，司空子罕进到灵堂内哭得很悲伤。当时潜伏在宋国的情报人员回去后向晋候报告说："阳门有个卫士死了，而子罕哭得很伤心，人民都受他感动，（此时宋国上下一心，）恐怕不能去讨伐他们啊！"孔子听说之后，说："好啊（能够见微知著），他真是善于观察国情啊！"

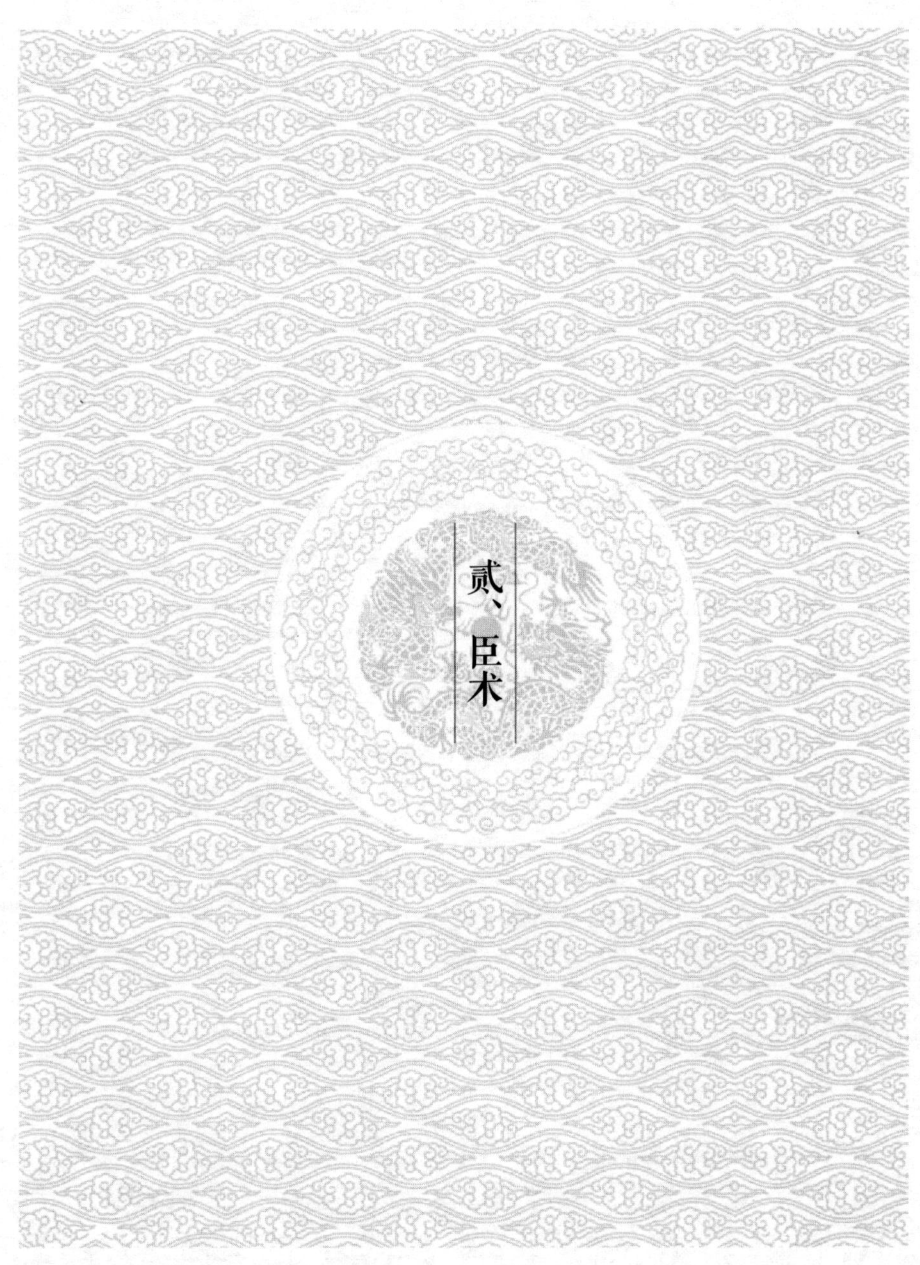

贰、臣术

一、立节

72.忠臣之事主，投命委身，期于成功立事，便国利民。故不为难易变节、安危革行也。（卷四十七·政要论）

【译文】忠臣事奉君主，将自己的身心性命都交出去，目的在于希望能够成就一番功业，利国利民。所以，他不会因为事情的难易而改变自己的节操，不会因为个人的安危而改变自己的品行。

73.若夫智虑足以图国，忠贞足以悟主，公平足以怀众，温柔足以服人；不诽毁①以取进，不刻人②以自入，不苟容③以隐忠，不耽禄以伤高；通则使上恤其下，穷则教下顺其上。故用于上则民安，行于下则君尊。可谓进不失忠，退

不失行。此正士之义，为臣之体也。（卷四十八·体论）

【注释】①诽毁：诋毁，毁谤。②刻人：伤害他人。刻：伤害。③苟容：屈从附和以取容于世。

【译文】如果智慧谋虑足以治理国家，忠诚坚贞足以启发君主，公正平等足以怀恤民众，温厚亲和足以使人顺服；不诋毁他人以求职位晋升，不伤害他人以求自己被任用，不屈从附和而失去自己的忠诚之心，不贪图高官厚禄而损害自己的高贵人格；得志就引导君主体恤臣民，不得志就教化臣民以理智顺从君主。这样的人，被提拔重用时能使百姓安乐，退居于下时则能使君主尊贵。可以说是出仕不缺失忠诚，退隐不丧失德行。这是正直之士的义节，是作为臣子应该坚持的基本准则。

74.夫为人臣，其犹土乎！万物载焉，而不辞其重；水渎污焉，而不辞其下；草木殖焉，而不有其功。此成功而不处，为臣之体也。（卷四十八·体论）

【译文】做臣子的，就像土地一样吧！承载万物，不因沉重而推辞；即使会被浊水污染，也不拒绝它融入自己；草木在上面繁殖生长，而不据为己功。这就是成就功业而不居功，这是做臣子的准则。

75.人之事君也，言无小大，无愆也；事无劳逸，无所避也。其见[①]识知[②]也，则不恃恩宠而加敬；其见遗忘也，则不怀怨恨而加勤。安危不贰[③]其志，险易[④]不革[⑤]其心。孜孜为此，以没其身，恶[⑥]有为此人君长而憎之者也？（卷四十五·昌言）

【注释】①见：用在动词前面表示被动，相当于被，受到。②识知：识察，知道。③不贰：专一，无二心。④险易：吉凶。⑤革：改变。⑥恶（wū）：疑问代词，相当于“何”、“安”、“怎么”。

【译文】臣子事奉君主，奏章言事无论大小都无差错，做事无论多么辛劳都不回避推辞。被君主记住并了解，则不依恃恩宠而更加敬业；被君主遗忘，则不会心怀埋怨而更加勤勉。无论自身安或危都不更改志向，无论形势凶或吉都不改变诚心。勤勉不懈于此，终身不改，哪有这样还会遭君主与上位者的厌恶呢？

76.位弗期[①]骄，禄弗期侈。贵不与骄期，而骄自至；富不与侈期，而侈自来。骄侈以行己，所以速亡也。恭俭惟德，无载[②]尔伪。言当恭俭，惟以立德，无行奸伪也。（卷二·尚书）

【注释】①期：邀约，约定。②载：行，施行。

【译文】身居尊位的人没有与骄纵相约（但不知不觉就有

了骄态）；享有福禄的人没有与奢侈相约（但不知不觉就染上奢侈）。（以骄傲奢侈的态度立身行事，就会招致败亡。）应当恭谨节俭，才能树立德业，不要做诡诈虚假之事。

77.子墨子曰："世之君子，使之一犬一彘[①]之宰[②]，不能则辞之；使为一国之相，不能而为之。岂不悖哉？"（卷三十四·墨子）

【注释】①彘（zhì）：猪。②宰：膳宰，古官名。犹膳夫。掌宰割牲畜以及膳食之事。

【译文】墨子说："世上的君子，让他去当宰杀狗猪的膳夫，如果他不能做就会推辞；让他任一国的宰相，能力不及却要照样承担。这难道不是很荒谬吗？"

78.柳下惠[①]为士师[②]，士师，典狱之官也。三黜[③]。人曰："子未可以去乎？"曰："直道[④]而事人，焉[⑤]往而不三黜？苟直道以事人，所至之国，俱当复三黜。枉道[⑥]而事人，何必去父母之邦[⑦]？"（卷九·论语）

【注释】①柳下惠：姓展，名获，字禽，鲁大夫，食邑于柳下，有贤名，死后谥为惠。②士师：古代执掌禁令刑狱的官名。③黜：贬降，罢退。④直道：正直之道。⑤焉：何。⑥枉道：违背正道。⑦父母之邦：父母所居的本国，即指祖国。

【译文】柳下惠任（鲁国）执掌禁令刑狱的官职，无罪而三度被贬职。有人说："你不可以离开鲁国吗？"柳下惠说："我以正直之道事奉人君，到哪一个国家不会被三度免职呢？如果我违背正道去事奉人君，又何必要离开祖国呢？"

79.震中子秉[①]，字叔节……每朝廷有得失，辄[②]尽忠规谏，多见纳用。秉性不饮酒，尝从容言曰："我有三不惑，酒色财也。"（卷二十三·后汉书三）

【注释】①中子秉：中子，排行居中的儿子。秉：指杨秉，承传其父的学问，常隐居教授儒家经典。四十多岁才出仕为官，担任刺史、二千石后，计算任职的日数接受俸禄，多余的不入私囊，以廉洁著称。②辄（zhé）：每每，总是。

【译文】杨震的中子杨秉，字叔节……每逢朝廷有得失，他总是尽忠正言劝诫，意见多被采纳。杨秉生性不饮酒，曾从容安详地说："我不会被三种东西所迷惑，即酒、色、财。"

80.世祖[①]因言次[②]谓威曰："卿清孰如父清？"对曰："臣不如也。"世祖曰："以何为胜邪？"对曰："臣父清恐

人知，臣清恐人不知，是臣不及远也。”（卷三十·晋书下）

【注释】①世祖：晋武帝司马炎。②言次：言谈之间。

【译文】武帝司马炎在言谈间问胡威道：“你和你父亲相比，谁更清廉？”胡威回答说：“臣不如父亲清廉。”武帝问道：“为什么说他胜过你呢？”胡威回答说：“我父亲清廉唯恐别人知道，而我清廉却唯恐别人不知道，这是我远远不如父亲的地方。”

二、尽忠

81.民生于三，事之如一[①]。三，君、父、师也。如一，服勤②至死也。父生之，师教之，君食之。食，谓禄也。唯其所在，则致死焉，在君父，为君父。在师，为师也。人之道也。（卷八·国语）

【注释】①如一：不变，没有差别。②服勤：担任勤务、劳力等事。

【译文】（晋哀侯的大夫栾共子说：）人之成长受恩于三类恩人，就是君主、父母、老师，对待他们的敬爱是一致的，一生为他们服务效力。父母生育我们，师长教导我们，君主赐予俸禄、恩惠于我们。只要是道义之所在，都要致死相报，这是做人的道理。

82.昔先正[①]保衡[②]，作[③]我先王。保衡，伊尹也。作，起也。正，长也，言先世长官之臣也。乃曰："予弗克[④]俾[⑤]厥后[⑥]惟[⑦]尧舜，其心愧耻，若挞[⑧]于市[⑨]。"言伊尹不能使其君如尧舜，则心耻之，若见挞于市也。一夫弗获[⑩]，则曰："时[⑪]予之辜[⑫]。"伊尹见一夫不得其所，则以为己罪也。右[⑬]我烈祖[⑭]，格[⑮]于皇天。言以此道左右[⑯]成汤，功至大天。（卷二·尚书）

【注释】①先正：亦作"先政"。前代的贤臣。②保衡：伊尹的尊号。又称"阿衡"。③作：此处为使动用法，使兴起。④弗克：不能。⑤俾（bǐ）：使。⑥后：君王。⑦惟：成为。⑧挞（tà）：鞭打。⑨市：集市。⑩获：得到，这里指得到妥善的安置。⑪时：通"是"。⑫辜：罪过。⑬右：通"佑"，助。⑭烈祖：指建立功业的祖先。古多称开基创业的帝王。烈：事业，功绩。⑮格：至。⑯左右：帮助，辅佐。

【译文】从前的贤臣伊尹，使我们先王之业振兴。他说："我若不能使君王成为尧舜一样圣明的君主，我内心就感到惭愧和羞耻，就像在集市上被人鞭打一样。"哪怕有一个人没有得到妥善安置，他就说："这是我的罪过啊！"他就是这样辅佐我显赫的先祖成汤，功业达于上天。

83.景公问晏子曰："忠臣之行，何如？"对曰："选贤进能，不私乎内。称身就位，计能受禄。睹贤不居其上，受

禄不过其量。不权君以为行，不称位以为忠，不掩贤以隐长，不刻下以谀上。顺即进，否即退，不与君行邪。”（卷三十三·晏子）

【译文】景公问晏子说：“忠臣的行谊应是怎样的？”晏子答道：“选拔贤德、推荐有才能的人，而不偏向自己的亲友。衡量自己的德能来担任适当的职位，估量自己的能力而接受相应的俸禄。遇到贤人，自己的职位不超越他，接受的俸禄不超过贤者。不权衡君主的好恶去做事，不计量自己的地位去尽忠，不遮蔽贤才而埋没其长处，不苛刻地对待下属而奉承、讨好上级。君主行事顺乎大道就入朝为官，否则就隐退，不与君主一起做邪恶之事。”

84.饮[①]桓公酒，乐。公曰：“以火继之。”辞曰：“臣卜其昼，未卜其夜，不敢！”君子曰：“酒以成礼，不继以淫[②]，义也；夜饮为淫乐。以君成礼，弗纳[③]于淫，仁也。”（后补卷四·春秋左氏传上）

【注释】①饮（yìn）：以酒食款待，宴请，行饮酒礼。②淫：过度，无节制，滥。③纳：入，使入。

【译文】敬仲请齐桓公饮酒，桓公很高兴。（天黑了）桓公说："点上灯火继续饮酒。"敬仲辞谢说："我只占卜过白天宴客的事，没有占卜夜里宴客之事，不敢奉命。"君子评议说："酒是用来帮助完成礼仪的，不能继续贪杯而过度，这是义；因为和国君饮酒完成了礼仪，而不至于使他陷于过度，这是仁。"

三、劝谏

85.夫谏争[①]者，所以纳君于道，矫枉正非，救上之谬也。上苟有谬而无救焉，则害于事，害于事则危道也。（卷四十七·政要论）

【注释】①争：通“诤”（zhèng）。直言规劝。

【译文】谏诤，就是为了让君主进入正确的治国之道，矫正邪枉、改正缺点，挽救君主的谬误。如果君主有谬误之处而没有人去纠正，就会危害国事；危害国事，就会使国家陷入危险。

86.《易》曰：“王臣[①]謇謇[②]，匪[③]躬[④]之故。”人臣之所以謇謇为难，而谏其君者，非为身也，将欲以匡[⑤]君之过，矫君之失也。君有过失，危亡之萌也，见君之过失而不

谏，是轻君之危亡也。夫轻君之危亡者，忠臣不忍为也。（卷四十三·说苑）

【注释】①王臣：志匡王室之臣。②謇謇（jiǎn）：忠贞，正直。謇：通“蹇”，《易》卦名，六十四卦之一。③匪：同“非”。不，不是。④躬：自身，自己。⑤匡：纠正，扶正。

【译文】《易经》上说：“有志于匡正王室的臣子刚正忠直，不是为了自身的缘故。”臣子之所以要刚正忠直，迎难而上劝谏君主，不是为了自身，而是想要纠正君主的过错，匡正君主的过失。君主有过失，就是危亡的萌芽，看到君主的过失而不劝谏，就是轻视君主的危亡。轻视君主的危亡，是忠臣所不忍心做的。

87.子路问事君。子曰：“勿欺，而犯之。”事君之道，义不可欺，当犯颜谏争。（卷九·论语）

【译文】子路问事奉君王之道。孔子说：“不要欺瞒君王，当君王有不对的地方，就要犯颜谏诤。”

88.《敬之》，群臣进戒嗣王[1]也。敬[2]之敬之，天维显[3]思[4]，命不易哉！无曰高高在上，陟降[5]厥士[6]，日监在兹。显，光也。监，视也。群臣见王，谋即政之事。故因此时戒之曰：敬之哉！敬之哉！天乃光明，去恶与善，其命吉凶，不变易也。无谓天高又高，在上远人而不畏也。天上下其事，谓转运日月，施其所行，日视瞻近在此也。（卷三·毛诗）

【注释】①嗣王：继位之王。②敬：通“警”。警惕，警戒。③显：明，光明。④思：语助词。⑤陟降（zhì）：升降，上下。陟：由低处向高处走。与“降”相对。⑥士：同“事”。

【译文】《敬之》一诗写的是群臣进忠言以戒勉即将继位的周成王。（诫勉的内容是：）要敬慎呀，要敬慎呀，上天有眼是那样明亮呀，保有天命不容易啊！不要说上天高高在上，上天运行日月，行使自己的职责，明察一切，天天监视着我们。

四、举贤

89.推贤让能，庶官乃和。贤能相让，俊乂①在官，所以和谐也。举能其官，惟尔之能；称匪②其人，惟尔弗任③。所举能脩其官，惟亦汝之功能也。举非其人，惟亦汝之不胜其任也。（卷二·尚书）

【注释】①俊乂（yì）：德才出众的人。②匪：同“非”。不，不是。③任：指胜任。

【译文】互相推贤让能，百官就会和谐。你推荐了贤能的人来担任官职，这便是你的贤能；你若举用了不能胜任其官职的人，这也就是你的不称职。

90.鲍叔既进管仲，以身下之。子孙世禄于齐，常为名

大夫。世不多[①]管仲之贤，而多鲍叔能知人也。（卷十二·史记下）

【注释】①多：称赞，重视。

【译文】鲍叔牙向齐桓公推荐了管仲之后，自己位居管仲之下。鲍叔牙的子孙世世代代都在齐国享受俸禄，有许多成为齐国著名的大夫。天下人不称赞管仲的贤德，而称赞鲍叔牙能够辨识、举荐贤才。

91.夫推让之风息，争竞之心生矣。孔子曰："上兴让，则下不争。"明让不兴，下必争也。推让之道兴，贤能之人，日见推举；争竞之心生，贤能之人，日见谤毁。夫争者之欲自先，甚恶[①]能者之先，不能无毁[②]也。（卷二十九·晋书上）

【注释】①恶（wù）：讨厌，憎恨。②毁：毁谤，诋毁，詈骂。

【译文】推贤让能的风气消失，竞争追逐名利的心就生出来了。孔子说："在上位者能谦让，居下位者就不争夺。"表明谦让之风如果不兴，百姓就必然要互相争夺。如果谦让之道兴起，贤能的人就会一天天被举荐上来；竞争、追逐名利之心生起，贤能的人就会一天天遭受毁谤。这是由于竞争者受欲望的驱使想让自己居先，就嫉恨比自己贤能的人居先，所以不能不毁谤贤者。

92.夫举无他，唯善所在，亲疏一也。（卷六·春秋左氏传下）

【译文】举荐人才没有别的标准，只要是贤能的人，无论关系亲疏，一视同仁。

93.凡人各贤[①]其所悦，而悦其所快。世莫不举贤，贤其所悦者，而悦其所行之快性（其所行之快性，作其性之所快），（凡）人无不举与己同者，以为贤也。或以治，或以乱，非自遁也，求同于己者。遁，失。己未必贤，而求与己同者也，而欲得贤，亦不几矣！几，近也。（卷四十一·淮南子）

【注释】①贤：动词。意谓认为是好的。下文诸“贤”则指贤人。

【译文】人们都认为自己喜欢的就是贤才，而所喜欢的又是自己感到痛快的行为。世人没有不举荐贤者的，可是有的因此达到国家的治平，有的却导致了国家的混乱，这不是他们自己故意举荐有失，而是因为其访求的是和自己一类的人。自己未必是贤能之人，却访求和自己一类的人，而又希望得到（真正的）贤才，那便相去甚远了！

叁、贵德

一、尚道

94.文子问“道”。老子曰：“夫道者，小行之小得福，大行之大得福，尽行之天下服。”（卷三十五·文子）

【译文】文子向老子请教“道”。老子回答说：“关于‘道’，小小地实行便会得到小福；广泛地实行便会得到大福；完全按‘道’行事，全天下的人都会归服。”

95.国之所以存者，得道也；所以亡者，理塞[①]也。故得生（生疑存）道者，虽小必大；有亡征[②]者，虽成必败。国之亡也，大不足恃[③]；道之行也，小不可轻[④]。故存在得道，不在于小；亡在失道，不在于大。（卷三十五·文子）

【注释】①理塞：谓不行仁义之道。理：道。②征：迹象，预兆。③恃：依赖，凭借。④轻：轻视。

【译文】国家能够延续下来的原因，是由于遵循了仁义的治国之道；国家之所以灭亡的原因，是由于不行仁义之道。因此，得到国家长存之道，虽然是小国也可以发展壮大；有灭亡的迹象，即使是强盛的大国也必定会失败。国家要灭亡，即使强大也不足依靠；治国之道得以实行，即使小国也不可轻视。所以国家长存的原因在于得道，而不在于国家弱小；国家灭亡的原因在于失道，而不在于国家强大。

96.桀纣行恶，受天之罚；禹汤积德[1]，以王天下。因此观之，天德无私亲，顺之和[2]起，逆之害生。此天文地理人事之纪也。（卷十八·汉书六）

【注释】①积德：指积累仁政或善行。②和：王念孙先生认为是"利"字书写之误。他说："'和'当为'利'，草书之误也。顺逆、利害，皆对文，若作'和'，则与"害'不相对矣。《汉纪》作'和'，亦后人以误本汉书改之。《文选》永明十一年策秀才文注，引此正作'利'。"

【译文】夏桀和商纣作恶，受到上天的惩罚；夏禹和商汤积德，因仁义受百姓拥护而称王。由此来看，上天的恩德是没有偏私偏爱的。顺应天道，利益就会兴起；违背天道，祸害就会发生。这就是天文地理人事的准则啊！

97.人之情，欲寿而恶夭，欲安而恶危，欲荣而恶辱，欲逸而恶劳。四欲得，四恶除，则心适矣。四欲之得也，在于胜理[①]；胜理以治身，则生全[②]矣，生全则寿长矣。胜理以治国，则法立矣，法立则天下服。服于理也。故适心之务，在胜理。（卷三十九·吕氏春秋）

【注释】①胜理：依循事理。胜等于“任”。②生全：保全生命。

【译文】人之常情都是希望长寿而厌恶夭折，希望平安而厌恶危险，希望荣耀而厌恶屈辱，希望安逸而厌恶劳累。以上四种愿望能实现，四种厌恶能消除，心情就会安适了。四种愿望的实现，在于依循事理；依循事理来修身养性，生命的本性就得以保全；生命的本性得以保全，那就能享有长寿了。依据事理来治理国家，那么法度就能建立起来；建立了法度，则天下人就会顺服。所以调适心情的关键在于依循事理。

98.妖[①]由人兴也。人无衅[②]焉，妖不自作。人弃常，则妖兴。（后补卷四·春秋左氏传上）

【注释】①妖：指反常、怪异的事物。②衅（xìn）：过失，罪过，缺陷。

【译文】（申繻回答鲁庄公说：）反常怪异的事物的产生是由于人造成的。人若自己没有罪过，反常怪异的事物不能自己兴起。人丢弃了常道，反常怪异的事物就会产生。

99.无恻隐[1]之心，非人也；无羞恶之心，非人也；无辞让之心，非人也；无是非之心，非人也。言无此四者，当若禽兽，非人之心也。恻隐之心，仁之端[2]也；羞恶之心，义之端也；辞让之心，礼之端也；是非之心，智之端也。端者，首也。人之有是四端也，犹其有四体也。有是四端，而自谓不能者，自贼者也；自贼害其性，使为不善。谓其君不能者，贼其君者也。谓其君不能为善，而不匡正者，贼其君使陷恶者也。（卷三十七·孟子）

【注释】①恻隐：同情，怜悯。②端：开端，开始。

【译文】如果一个人没有同情怜悯的心，就不能算作是人；对恶行没有羞耻厌恶之心，就不能算作是人；没有谦逊辞让的心，就不能算作是人；没有明辨是非的心，就不能算作是人。同情怜悯心是仁的开端；羞耻厌恶心是义的开端；谦逊辞让心是礼的开端；辨别是非心是智的开端。人有这四个善良的开端，如同人有四肢一样，都是生来便具备的。有这四个善良的开端，而认为自己不能行善，就是贼害自己本善的天性，自暴自弃；作为臣子，认为自己的君王不能行善，不劝谏君王改正，就是贼害自己的国君，陷国君于不义。

100.昔者圣人之作《易》也，将以顺性命之理也。是以立天之道，曰阴与阳。立地之道，曰柔与刚。立人之道，曰仁与义。（卷一·周易）

【译文】以前圣人画卦作《易经》，是顺应着大自然的规律而作的。（六十四卦，每一卦有六个爻，六爻里面包含天、地、人三才，第一爻、二爻代表地，三爻、四爻代表人，五爻、六爻代表天。爻的位置定下后，天、地、人三者都有各自的道。）立天之道，是阴与阳（第五爻为阳，最上一爻为阴）。立地之道，是柔与刚（初爻为阳，为刚；第二爻为阴，为柔）。立人之道，是仁与义（第三爻为阳，为义；第四爻为阴，为仁）。（人生长在天地之间，应具备天地阴阳刚柔的德，表现出来就是仁义。）

101.君臣父子，上下长幼，贵贱亲疏，皆得其分曰治。爱得分曰仁，施得分曰义，虑得分曰智，动得分曰适[①]，言得分曰信。皆得其分而后为成人。（卷三十六·尸子）

【注释】①适：恰当，得当。这里指行为合度，相当于“礼”。

【译文】君臣、父子、上下、长幼、贵贱、亲疏都合于本分，就称作“治”。爱心切合自己的本分叫做仁，施舍切合自己的本分叫做义，思虑切合自己的本分叫做智，行动切合自己的本分叫做适，言论切合自己的本分叫做信。各方面都切合自己的本分，然后才称得上是“成人”。

102.夫天地至神[①]也，而有尊卑先后之序，而况人道乎？明夫尊卑先后之序，固有物之所不能无也。宗庙[②]尚[③]亲，朝廷尚尊，乡党[④]尚齿，行事[⑤]尚贤，大道之序也。言非但人伦之所尚也。（卷三十七·庄子）

【注释】①至神：犹至道，道家多指最玄妙精深的道理。②宗庙：古代帝王、诸侯祭祀祖宗的庙宇。③尚：尊崇，重视。④乡党：泛称家乡。周制，一万二千五百家为乡，五百家为党。⑤行事：行为，事迹。

【译文】天地是最神圣玄妙的，尚且存在尊卑、先后的秩序，何况是人呢？宗庙尊重亲族，朝廷敬重尊长，乡里尊重老人，办事尊重贤能，这是天地大道所体现的秩序。

103.天地之道，贞观[①]者也。明夫天地万物，莫不保其贞以

全其用也。日月之道，贞明②者也。天下之动，贞夫一者也。（卷一·周易）

【注释】①贞观：指守正则被人崇敬瞻仰。贞：正，常。②贞明：谓日月能固守其运行规律而常明。

【译文】天地运行的规律是，公正平等地覆盖照顾、滋养承载万物。天地因为能够守持正道，平等无私地对待万物，所以受到人们的尊敬瞻仰。日月运行的规律，是公正平等地照耀万物，因为能平等如一地照耀万物，才能给这个世界带来普遍的光明。天下一切事物的运动规律，都是归于端正专一，精诚无欲，才能有所成就。

104.子曰："履，德之基也。基所蹈也。谦，德之柄也。复，德之本也。恒，德之固也。固不倾移也。损，德之修也。益，德之裕也。能益物者，其德宽大也。困，德之辩①也。"困而益明。（卷一·周易）

【注释】①辩：通"辨"。辨别，区分。

【译文】孔子说道："履卦，天在上，泽在下，上下有分，尊卑有序，这就是履践礼，所以履是德行的初基。谦卦，山在地下，有礼让的意思，是德的柯柄，必须一直持着，不可以忘失。复卦，修养德行以恢复明德为根本，所以复为德之本。恒卦，修养德行，能够坚守道德，始终不变，所以恒是德之固。损卦，能够惩止瞋心，窒塞贪欲，就是在修养德行，所以损是德之修。益卦，君子能够迁善改过，德行就会愈来愈充裕，所以益是德之裕。困卦，坎险在下，兑悦在上，遭遇险阻困顿的时候，能够辨别怎么做才是符合道德的，经得起考验，最终能以和悦的心态克服困难，所以困是德之辨。”

105.随。《象》曰：泽中有雷，随。君子以向晦[①]入宴息[②]。泽中有雷，动悦之象也。物皆悦随，可以无为，不劳明监。故君子向晦入宴息也。（卷一·周易）

【注释】①向晦：傍晚，天将黑。向：面临，将近。晦：晚上，夜。②宴息：休息。

【译文】随卦的《象传》说：泽中有雷，便是随卦的现象。君子效法它的精神（随自然规律而运作，言语、行为使人民悦服，人民对君子的德行既仰慕又愿意向他学习，因而君子可以无为而治，不必任何事都亲自过问），临近黄昏时便入室休息。

106.为道者日损，损，华伪也。损之又损之，以至于无为[①]，无为而无不为也。华去而朴全，则虽为而非为也。天地有大美[2]而不言，四时有明法而不议，万物有成理而不说。此孔子之所云：予欲无言。至人无为，任其自为而已。大圣不作，唯因任也。观于天地之谓也。观其形容，象其物宜，与天地无异者。（卷三十七·庄子）

【注释】①无为：并非无所作为，而是按“道”行事，不随个人习性或主观想法胡作妄为。②大美：谓大功德、大功业。

【译文】修养道德的人，一天天减少贪求诈伪的习气，减少再减少，以至于达到“无为”的境界。“无为”因而“无不为”。天地具备最大的美德却不言语，四季有明显的规律而不议论，万物有固定的规律却不称说。得道的至人顺应宇宙人生的规律，伟大的圣人从不随己意行动，这就是他们观察天地万物，效法天地自然运行规律的缘故。

107.所谓无为者，非谓其引之不来，推之不往，迫而不应，感而不动，坚滞而不流，卷握[1]而不散也。谓其私志不入公道，嗜欲不枉正术，循理而举事，因[2]资而立功，推自然之势也。（卷三十五·文子）

【注释】①卷握：拳握。比喻凝滞，不流动。②因：凭借。

【译文】所谓无为，不是说招他他不来，推他他不去，逼迫他而没有反应，触动他而不被打动，固执不通，拘泥不化。而是说不以个人的感情与见解混同在公理之中，不以个人的嗜欲歪曲正确的法则，依照道理行事，凭借现有的条件来建功立业，按照自然形势而行。

二、孝悌

108.乐正子春①下堂而伤其足，数月不出，犹有忧色。门弟子曰："夫子之足瘳②矣，数月不出，犹有忧色，何也？"曰："吾闻诸曾子③，父母全而生之，子全而归之，可谓孝矣；不亏其体，不辱其身，可谓全矣。故君子跬步④弗敢忘孝也。今予忘孝之道，予是以有忧色也。"（卷七·礼记）

【注释】①乐正子春：春秋时鲁国人，曾参的弟子。②瘳（chōu）：病愈。③曾子：即曾参，春秋鲁国武城人，字子舆，孔子弟子，年纪比孔子小四十六岁。事亲至孝，作《孝经》，后世尊称爲"宗圣"。④跬步：半步。跨上一足曰跬，连跨两足为步。

【译文】乐正子春有一次从堂上走下来，不慎扭伤了脚，好几个月没有出门，一直面有愁容。他的门下弟子便问道："老师您的脚不是好了吗？您好几个月不出门，到现在还面带忧愁，这是为什么呢？”乐正子春说：“我从前听我的老师曾子说过，‘父母完完整整地生下我们，我们死时也得将这个身子完完整整地归还给父母，这才可以称得上孝顺；没有损毁父母给我们的这个身体，没有辱没了为人一世的善名，这才是完完整整的归还给父母。因此君子即使迈出半步路，都不敢忘了对父母的孝道。’这回我竟然忘了孝道，所以我才会有愁容啊。”

109.人之生也，百岁之中，有疾病焉。故君子思其不可复者，而先施[①]焉。亲戚既没，虽欲孝，谁为孝乎？年既耆艾[②]，虽欲悌，谁为悌乎？故孝有不及，悌有不时，其此之谓与[③]！（卷三十五·曾子）

【注释】①施：谓设施，即措置，筹划。此处指尽孝悌之道。②耆（qí）艾：五十曰艾，六十曰耆，亦泛指老年人。③与（yú）：语气词。表感叹。

【译文】人生在世，百年之中，难免会有疾病。因此君子考虑到生命不可再来，而要趁早尽孝悌之道。若父母亲人已过世，纵然想尽孝道，又将孝顺谁呢？（自己）年纪已老，纵然想敬爱兄长，又将敬爱谁呢？所以孝顺父母有来不及的，敬爱兄长有失掉时机的，大概说的就是这种情形吧！

110.子曰："武王、周公，其达孝矣乎！夫孝者，善继人之志，善述[①]人之事者也。"（卷七·礼记）

【注释】①述：遵循，继承。

【译文】孔子说："武王、周公真正是通达了为人子应有的孝道啊！所谓孝顺的人，就是指善于继承先人志向、善于继承先人事业的人啊！"

111.子曰："昔者明王，事父孝，故事天明；尽孝于父，则事天明。事母孝，故事地察；尽孝于母能事地，察其高下，视其分察也。长幼顺，故上下治。卑事于尊，幼顺于长，故上下治。天地明察，神明彰[①]矣。事天能明，事地能察，德合天地，可谓彰也。故虽天子，必有尊也，言有父也；虽贵为天子，必有所尊。事之若父，三老[②]是也。必有先也，言有兄也。"必有所先，事之若兄，五更[③]是也。（卷九·孝经）

【注释】①彰：明显，与隐微相对。②三老：指国三老，多以致仕三公任之。③五更（gēng）：古代官名，以年老致仕的官员充任，受朝廷礼遇。古代设三老五更之位，天子以父兄之礼养之。更：指年老致仕而经验丰富的人。

【译文】孔子说："古时圣明帝王奉事父亲能尽孝，所以奉事上天能够明察（即了解并顺应天道）；奉事母亲能尽孝，所以奉事大地能够明察（即了解并顺应大地之理）；家中长辈和晚辈的关系顺畅合礼，所以君臣上下的关系也井井有条。能够明察天地的道理，就会感动神明，获得明显的福佑。所以，即使是贵为天子，他必定还有应该尊崇的人，奉事他们就像奉事父亲一样，这说的是‘三老’；他必定还有应该恭敬的人，奉事他们就像奉事兄长一样，这说的是‘五更’。”

112.父母怨咎[①]人不以正，已审[②]其不然，可违而不报也；父母欲与人以官位爵禄，而才实不可，可违而不从也；父母欲为奢泰侈靡，以适心[③]快意，可违而不许也；父母不好学问，疾子孙之为之，可违而学也；父母不好善士，恶子孙交之，可违而友也；士友有患故，待已而济，父母不欲其行，可违而往也。故不可违而违，非孝也；可违而不违，亦非孝也。好不违，非孝也；好违，亦非孝也。其得义而已也。（卷四十五·昌言）

【注释】①怨咎：埋怨，责备。②审：知道、明白、清楚。③适心：谓使心情平和快乐。

【译文】父母没有按正理埋怨怪罪别人，做子女的知道父母这样不对，可违背父母之命而不去报复；父母要给人官位爵禄，可是这人的才能实难胜任，可违背父母之命不听从；父母想追求奢侈靡费的生活以使自己舒适快乐，可违背父母之命不予答应；父母不喜好学问，从而反对子孙求学问，可违背父母意愿而去学习；父母不喜欢贤良之士，不喜欢子孙和这些人交往，可违背父母之命与这样的人交朋友；朋友遇到忧患等着自己去帮助，父母反对前去，可违背父母之命前去帮助。所以不应该违背的却违背了，这不是孝；应该违背的却不违背，也不是孝。一味地喜欢盲目遵从父母之命，这不是孝；一味地喜欢违背父母之命，也不是孝。这都要看是否符合道义啊！

113.曾子曰[①]："君子立孝，其忠之用也，礼之贵也。故为人子而不能孝其父者，不敢言人父不能畜[②]其子者；为人弟而不能承[③]其兄者，不敢言人兄不能顺[④]其弟者；为人臣而不能事其君者，不敢言人君不能使其臣者。故与父言，言畜子；与子言，言孝父；与兄言，言顺弟；与弟言，言承兄；与君言，言使臣；与臣言，言事君。君子之孝也，忠爱以敬，反是乱也。"（卷三十五·曾子）

【注释】①曾子曰：选文与《大戴礼记·曾子立孝第五十一》相关内文基本相同。近年出版的《上海博物馆藏战国楚竹书（四）》，有一篇题名为《内礼》的文献，其开篇内容与此段选文非常相似。有学者判断,《大戴礼记》这段内文应当是根据《内礼》篇改写而来。《内礼》开篇文字如下:“君子之立孝,爱是用,礼是贵。故为人君者,言人之君之不能使其臣者,不与言人之臣之不能事其君者。故为人臣者,言人之臣之不能事其君者,不与言人之君之不能使其臣者。故为人父者,言人之父之不能畜子者,不与言人之子之不孝者。故为人子者,言人之子之不孝者,不与言人之父之不能畜子者。故为人兄者,言人之兄之不能慈弟者,不与言人之弟之不能承兄者。故为人弟者,言人之弟不能承兄者,不与言人之弟之不能顺兄者。故曰:与君言,言使臣;与臣言,言事君;与父言,言畜子;与子言,言孝父;与兄言,言慈弟;与弟言,言承兄。反此,乱也。”②畜(xù):养育。③承:敬奉。④顺:有“爱”的意思。

【译文】曾子说:“君子立身行孝,是内心诚恳的流露,同时重视合乎外在的礼节。因此,作为子女而不能孝顺父母的人,就不敢对他说父母不抚育其子女的事;作为弟弟而不能敬奉哥哥的人,就不敢对他说兄长不能教导弟弟的事;作为人臣而不能事奉君主的人,就不敢对他说君主不能任用臣下的事。因此君子与身为父亲之人谈话,就谈养育子女之道;与身为人子之人谈话,就谈孝顺父母之道;与身为人兄之人谈话,就谈爱护弟弟之道;与身为弟弟之人谈话,就谈敬顺兄长之道;与身为人君之人谈话,就谈以礼任用臣子之道;与身为人臣之人谈话,就谈事奉君主之道。君子的孝道,体现在对一切人的忠爱和庄敬上(因为诚恳地爱一切人,所以与人交往时,会以恭敬的态度,尽力协助对方圆满自己应尽的本分，获得幸福人生）。如果不是这样，那么社会的人伦秩序就会混乱了。”

114.夫孝，置之而塞乎天地，敷之而横乎四海，施诸后世而无朝夕。《诗》云：“自西自东，自南自北，无思不服。”此之谓也。（卷七·礼记）

【译文】孝道，树立起来就会充满天地之间，普及起来就会遍及四海，传承于后世就会无时不在。《诗经》说：“从西到东，从南到北，没有不遵从的。”说的正是这种情形。

115.常棣[①]之华，萼不[②]炜炜[③]。承华者曰萼。不当作跗，跗，萼足也。萼足得华之光明，炜炜然也。兴者喻弟以敬事兄，兄以荣覆弟。恩义之显，亦炜炜然也。凡今之人，莫如兄弟。人之恩亲，无如兄弟之最厚。鹡鸰[④]在原，兄弟急难。鹡鸰，雍渠也。飞则鸣，行则摇，不能自舍尔。急难，言兄弟之相救于急难矣。每有良朋，况也永叹。况，兹也。永，长也。每，虽也。良，善也。当急难之时，虽有善同门来，兹对之长叹而已。兄弟阋于墙[⑤]，外御其侮。阋，狠也。御，禁也。兄弟虽内阋，外犹御侮也。（卷三·毛诗）

【注释】①常棣（dì）：木名，即棠棣。②萼不（fū）：花萼，即衬托花瓣之绿色小片。不：当作“跗”，通“柎”。指花萼房。③炜炜（wěi）：鲜明貌。④鹡鸰（jí líng）：水鸟名，又名雍渠。“鹡鸰在原”，言失其常处也。⑤阋（xì）于墙：谓兄弟相争于内。阋：争吵、争斗。

【译文】棠棣花朵盛开，花萼在花朵的辉映下同样鲜明（好比弟弟恭敬对待兄长，兄长的荣耀也庇护着弟弟）。如今世上的众人，都不如兄弟亲近。犹如水鸟鹡鸰不幸流落平原而不舍同伴，遇到急难，兄弟必定会出力支援。平日虽有好友，如今却只能报以长叹。兄弟在家中尽管有纷争，但遇到外部欺凌时一定会同心抵御。

116.惠伯曰：“丧，亲之终也。虽不能始，善终可也。史佚有言曰：‘兄弟致美。’各尽其美，义乃终。救乏、贺善、吊灾、祭敬、丧哀，情虽不同，毋绝其爱。亲之道也。”（后补卷四·春秋左氏传上）

【译文】惠伯劝说襄仲说：“办丧事，是亲人的最后一件事。虽然您俩开头关系不好，现在友好地终结是可以做得到的。史佚说过这样的话：‘兄弟之间各尽自己的美德。’（兄弟间）救济贫乏，祝贺喜庆，吊问灾祸，遇到祭祀则助其祭祀以致敬，遇到丧事则致哀。兄弟之间虽然内心可能因事而不能和睦同心，但不要断绝彼此的友爱，这是亲人间相互亲近之道。”

三、仁义

117.仁者爱人，义者修（修作循）理。（卷三十八·孙卿子）

【译文】仁慈的人是爱护人的，道义的人是遵循正理的。

118.孟子曰："三代之得天下也以仁，其失天下也以不仁。国家（无家字）之所以废兴①存亡者亦然。天子不仁，不保四海之内（无之内二字）；诸侯不仁，不保社稷②；卿大夫③不仁，不保宗庙④；士庶人不仁，不保四体⑤。今恶死亡而乐不仁，犹恶醉而强酒。"（卷三十七·孟子）

【注释】①废兴：盛衰，兴亡。②社稷：古代帝王、诸侯所祭的土神和谷神。旧时亦用为国家的代称。③卿大夫：卿和大夫。后借指高级官员。④宗庙：祭祀祖先之宫室。⑤四体：指人的四肢，用以代称全身。

【译文】孟子说："夏、商、周三代能得到天下，是因为施行仁政；他们丧失天下，是因为不施行仁政。诸侯各国的衰落与兴盛、生存与灭亡也是同样的道理。天子没有仁德，就保不住天下；诸侯没有仁德，就保不住国土；卿大夫没有仁德，就保不住家族的祠堂；士人和百姓没有仁德，就不能保全自己的生命。如今厌恶死亡却喜好残暴，就好比厌恶喝醉却勉强喝酒一样。"

119.昔者圣人之崇仁也，将以兴天下之利也。利或不兴，须仁以济天下。有不得其所，若己推而委[1]之于沟壑然。夫仁者，盖推己以及人也。故己所不欲，无施于人；推己所欲，以及天下。推己心孝于父母，以及天下，则天下之为人子者，不失其事亲之道矣；推己心有乐于妻子，以及天下，则天下之为人父者，不失其室家之欢矣；推己之不忍于饥寒，以及天下之心，含生无冻馁[2]之忧矣。此三者，非难见之理，非难行之事，唯不内推其心，以恕乎人，未之思耳，夫何远之有哉？（卷四十九·傅子）

【注释】①委：舍弃，丢弃。②馁（něi）：饥饿。

【译文】从前，圣人崇尚仁政，是用以为天下人兴利的。如果利民之事未能兴办，就必须以仁政普济天下。若有不得其所的人，就如同是自己把他们丢弃到沟壑一般。仁爱的人，都将心比心对待人。所以能做到己所不欲，不施于人；想到自己之所求，就会设身处地推广到天下人。愿将自己孝顺父母之心，遍及天下之人，那么，天下的子女就不会丧失侍奉双亲的准则；愿将自己与妻儿相处的快乐，遍及天下之人，那么，天下做父亲的人就不会失去家庭的欢乐；用自己忍受不了饥寒的心情去推想天下人饥寒的心情，天下生灵就不会有饥寒交迫之忧。这三点不是难懂的道理，也不是难以办到的事情，只是不能推己之心以恕道待人，没有用心去思考罢了，哪里真的是很遥远而不能办到的呢？

120.解。《象》曰：雷雨作①，解。君子以赦②过宥③罪。（卷一·周易）

【注释】①雷雨作：指解卦下坎为水，上震为雷，犹雷雨并作。②赦：放免，宽免罪过。③宥：宽宥，宽恕。

【译文】解卦《象传》讲道：上面是雷，下面是雨，雷雨交作，阴阳和畅，百物松解润泽，这是解卦的象征。君子以解卦的义理赦免别人的错误，宽恕别人的罪过。

121.膳夫①掌王之食饮、膳羞②。大丧③则不举④，大荒则不举，大札[5]则不举，天地有灾则不举，邦有大故[6]则不举。大荒，凶年也。大札，疫疠也。天灾，日月晦食也。地灾，崩动也。大故，刑杀也。《春秋传》曰：“司寇行戮，君为之不举。”（卷八·周礼）

【注释】①膳夫：古官名，掌宫廷的饮食。②膳羞：美味的食品。东汉郑玄先生注：“膳，牲肉也；羞，有滋味者。”羞：后多作“馐”。③大丧：指天子、皇后、世子之丧。④不举：古代逢大的天灾人事，皆除去盛馔（指不杀牲），偃息声乐，称作“不举”。⑤大札（zhá）：瘟疫。⑥大故：指的是敌军来犯、对犯罪者处以死刑等事。

【译文】膳夫，掌理天子所用的饭食、饮料、牲肉和菜肴。遇到天子、皇后、世子的丧事不杀牲，遇有大的灾荒年不杀牲，瘟疫流行的时候不杀牲，有天灾地变不杀牲，国家有敌军来犯或罪犯行刑不杀生。

122.仲春之月，养幼少，存诸孤。助生气也。命有司，省囹圄[1]，去桎梏，毋肆[2]掠[3]；顺阳气也。省，减也。肆，谓死刑暴尸。毋竭川泽，毋漉[4]陂池[5]，毋焚山林。顺阳养物。（卷七·礼记）

【注释】①囹圄（líng yǔ）：监狱。②肆：死刑后陈尸示众。③掠：拷打，拷问。④漉（lù）：使干涸，竭尽。⑤陂（bēi）池：池塘。

陂：池塘湖泊。

【译文】春季的第二个月，要特别养护幼小的孩童，抚恤可怜的孤儿。要命令掌管司法的官吏减少牢狱中关押的囚犯，除去他们的脚镣和手铐，不可执行死刑及陈尸示众、拷打犯人；不可放干河川湖泊中的水；不可使池塘干涸；不可放火焚烧山林（顺应生生不息的阳气，长养万物）。

123.国君春田①不围泽，大夫不掩②群，士不取麛卵③。生乳之时，重伤其类。（卷七·礼记）

【注释】①田：同“畋”，打猎。②掩：指尽取，全部捕杀。③麛（mí）卵：幼兽和鸟卵。麛：幼鹿，此处泛指幼兽。

【译文】诸侯国君在春天举行田猎时，不可包围整个猎场；大夫不可捕杀整群的禽兽；士人不可掠取幼兽或鸟卵（动物生育和哺乳的时候这样做，会严重地伤害动物的族类）。

124.子曰：“仁有三，与仁同功而异情。利仁强仁，功虽与安仁者同，本情则异也。与仁同功，其仁未可知也；与仁同过，然后其仁可知也。仁者安仁，智者利仁，畏罪者强①仁。”功者，人所贪。过者，人所避。（卷七·礼记）

【注释】①强（qiǎng）：勉强，强迫。

【译文】孔子说："行仁道有三种情况（安仁、利仁、强仁）：利仁、强仁的功效虽然与安仁相同（都能利益他人、利益社会），但其存心是不同的（安仁是无所求而安于行仁，利仁是为获得利益而行仁，强仁是畏惧刑罚而行仁）。这三者施行仁爱，从功效看是相同的，难以判断是否是真正以仁德之心行事；但施行仁爱遭遇到利害相关的事情时，可从不同的反应中看出是否是真正仁德之人。真正的仁者基于自己的本性而安适自在地行仁；智者知道行仁对自己有利，所以行善以求福；害怕犯罪受罚的人是勉强地行仁。"

125.景公问晏子曰："谋必得，事必成，有术乎？"对曰："有。"公曰："其术何如？"晏子曰："谋度①于义者必得，事因②于民者必成。反义而谋，背民而动，未闻存者也。昔三代之兴也，谋必度于义，事必因于民；及其衰也，谋者反义，兴事伤民。故度义因民，谋事之术也。"（卷三十三·晏子）

【注释】①度（zhái）：同"宅"，居。（根据王念孙先生校勘解释。）②因：顺，顺应。

【译文】景公问晏子说："要使谋划的事一定实现，所做的事一定成功，有这样的方法吗？”晏子回答说：“有。”景公问：“那方法是什么？”晏子答道：“谋划的事与道义相合就肯定能实现，做事顺应民心就肯定能成功。违反道义来谋划，违背民意来行事，从未听说过能长久的。以前，夏、商、周三代兴盛之时，谋划必定考虑是否符合道义，做事必会依照人民的意愿。到他们衰败的时候，所谋划的策略违背道义，所兴办的事情又伤害人民。所以符合道义、依照民意，是谋划和做事的正确方法。”

126.夫君子者，易亲而难狎①，畏祸而难劫②，嗜利而不为非，时动静（无静字）而不苟作。体虽安之，而弗敢处，然后礼生焉；心虽欲之，而弗敢言，然后义生焉。夫义节欲而治，礼反情而辨者也。（卷三十四·鶡冠子）

【注释】①狎：轻慢。②劫：用威吓的手段胁迫。

【译文】君子这样的人，容易亲近，但不会让人因亲近而产生轻慢；害怕灾祸，但难以用胁迫来让他屈服；喜爱利益，但不会为此而胡作非为；时局动荡，也不会不依正道而苟且作为。虽然外物或境况让自身感到安适，但不敢处于这种安逸之境，这样之后礼节由此产生；内心虽然想要某种合乎心意的事物，但不敢放任自己随意求取，这样之后正义由此产生。正义，通过节制欲望而达到自我的完善；礼节，通过规范性情而可以明辨事理。

127.天灾流行，国家[1]代[2]有。救灾恤[3]邻，道也。行道有福。（后补卷四·春秋左氏传上）

【注释】①国家：古代诸侯的封地称国，大夫的封地称家。②代：更迭，交替。③恤：周济，救济。

【译文】天灾流行，总在各个地方交替发生。救援受灾地区，周济邻国，这是道义。按道义行事者有福。

四、诚信

128.君子之养其心，莫善于诚。夫诚，君子所以怀万物也。天不言而人推高焉，地不言而人推厚焉，四时不言而人期焉。此以至诚者也。（卷四十八·体论）

【译文】君子修养身心，没有比“诚”更重要的了。诚，是君子所用来包容万物的。天不言语，可是人们推崇它的高远；地不言语，可是人们推崇它的厚重；四季不言语，可是人们期盼它的来临。这是因为它们是至诚的。

129.盖天地着[①]信，而四时不悖；日月着信，而昏明有常；王者体信，而万国以安；诸侯秉[②]信，而境内以和；君子履[③]信，而厥[④]身以立。古之圣君贤佐，将化世美俗，去信

须臾，而能安上治民者，未之有也。（卷四十九·傅子）

【注释】①着（zhù）：显明，显出。②秉：操持。③履：执行，实行。④厥：代词，他的。

【译文】天地显现其诚信，四季运行就不违背常规；日月显现其诚信，黑夜白昼就交替正常；君王依循于诚信，各个诸侯国就会安定；诸侯秉持诚信，诸侯国内就会和平；君子践行诚信，就能在社会上立足。古代的明君贤臣，要教化世人、美化风俗，如果片刻离开诚信，却能安定国家、治理好百姓，这是从未有过的事。

130.曾子妻之市，其子随而泣。其母曰："汝还[①]，顾[②]反，为汝杀彘。"妻道（道作适）市来，曾子欲捕彘杀之，其妻止之曰："特[③]与婴儿戏也。"曾子曰："婴儿者非有知也，待父母而学之者也。今子欺之，是教子欺也。母欺子，子而不信其母，非所以成教也。"遂杀彘。（卷四十·韩子）

【注释】①还：回家。②顾：等待。③特：仅，只是。

【译文】曾子的妻子要到集市上去，她的儿子哭着要跟随着一起去。母亲对儿子说："你回家去，等我回来，给你杀猪吃。"曾子的妻子从集市回来，曾子就准备捉猪去杀，妻子阻止他说："我只是和孩子开玩笑的。"曾子说："孩子不懂事，是跟着父母学习的。现在你欺骗他，就是教孩子欺骗。母亲欺骗孩子，孩子就不相信自己的母亲，这不是用来教育孩子的方法！”于是曾子便动手杀了猪。

五、正己

131.恕者，以身为度者也。己所不欲，毋加诸人。恶诸人，则去诸己；欲诸人，则求诸己。此恕也。（卷三十六·尸子）

【译文】恕，就是以自身的情况设身处地为他人考虑。自己不希望接受的事情，也不要强加到别人身上。如果厌恶别人的习气毛病，就要先去除自己身上的习气毛病；希望别人做到的，就要自己先做到。这就是恕。

132.事亲而不为亲所知，是孝未至者也；事君而不为君所知，是忠未至者也；与人交而不为人所知，是信义未至者也。（卷四十五·昌言）

【译文】侍奉双亲而不被双亲了解，是孝道没有行圆满；事奉君主而不被君主了解，是忠义没有行圆满；与人交往而不被人了解，是信义没有行圆满。

133.君子在位可畏，施舍可爱，进退可度，周旋可则，容止可观，作事可法，德行可象[①]，声气可乐，动作有文，言语有章，以临其下，谓之有威仪也。（卷五·春秋左氏传中）

【注释】①象：效法，仿效。

【译文】君子在位令人敬畏，施惠于人令人爱戴，进退揖让可作为法度，交际往来可作为准则，仪容举止值得人观摩，处事施政值得人学习，道德品行可以让人效法，声音气度让人愉悦，动作典雅有修养，说话清晰有条理，这样来对待下属，就叫做有威仪。

134.非漠真（漠真作淡漠）无以明德，非宁静无以致远，非宽大无以并覆[①]，非平正无以制断[②]。（卷三十五·文子）

【注释】①并覆：广为覆庇、包容。②制断：专断，裁决。

【译文】不能淡泊名利，就无法彰明自身的性德；不能清静寡欲，就无法到达高远的境界；没有宽广博大的胸怀，就无法包容天下万物；没有公平正直的作风，就无法做出正确的决断。

135.大人不唱[①]游言。游，犹浮也。不可用之言也。可言也，不可行，君子弗言也；可行也，弗可言，君子弗行也。则民言不危行，而行不危言矣。危，犹高也。言不高于行，行不高于言，言行相应。（卷七·礼记）

【注释】①唱：倡导，发起。后作“倡”。

【译文】身居高位的人不可倡导和鼓励讲一些浮而不实之言。可以说而做不到的，君子是不会去说的；可以做而不可堂堂正正说的，君子是不会去做的。能够这样，百姓就不会言过其实，也不会去做不可告人的行为。

六、度量

136.上不天，则下不偏[1]覆；心不地，则物不毕载。大山[2]不立好恶，故能成其高；江海不择小助，故能成其富。故大人[3]寄形[4]于天地，而万物备；措心于山海，而国家富。（卷四十·韩子）

【注释】①偏："徧"的误字。徧，指普遍。②大（tài）山：泰山。大："太"的古字，通"泰"。③大人：犹言王者。④寄形：犹言托身。指以天地般广大的胸怀来治理。

【译文】君主不效法苍天，就不能保护所有的人民；君主心胸如果不像大地那样宽广，就不能承载所有万物。泰山对土石没有好恶之心，所以能够形成它的高大；江海对细流不加选择，所以能够形成它的壮阔。所以君主寄托形体于天地，似天之遍覆，地之遍载，因此万物丰饶；心之运用如大山不让微尘，江海不择细流，因而国家富足。

137.王赏斗辛、王孙由于、申包胥、斗怀。皆从王有大功。子西曰：“请舍怀也。”以初谋杀王故。王曰：“大德灭小怨，道也。”终从其兄，免王大难，是大德也。（卷六·春秋左氏传下）

【译文】楚昭王赏赐了斗辛、王孙由于、申包胥、斗怀等人。子西说：“请您不要赏赐斗怀。”（因为当初他曾想杀死昭王。）昭王说：“他对我有大恩德，就可以消除以前小的怨恨了，这是合乎道义的。”

七、谦虚

138.人之情，服于德，不服于力。故古之圣王，以其言下人，以其身后人，即天下推而不厌，戴而不重。此德有余，而气顺也。故知与之为得（得作取），知后之为先，即几[①]道矣。（卷三十五·文子）

【注释】①几：将近，几乎。

【译文】人的心理，是顺服于道德，而不顺服于威力。所以古代的圣明君王，处处言语谦卑，事事行在人后，天下人都推重他而不厌烦他，拥戴他在人民之上而人民并不感到有重压。这就是德高有余而气顺于道。因此，懂得“给予”就是“得到”，懂得甘居人后实际上是站在了人前，这就接近于“道”了。

139.夫学者损其自多，以虚受之。天道成而必变。凡持满而能久者，未尝有也。故曰：自贤者，则天下之善言，不得闻其耳矣。（卷十·孔子家语）

【译文】为学之人应当不断减损自己的骄傲自满，永远以谦虚的心接受一切人事物给予的启发。大自然的法则是：万事万物的发展一旦达到极致，就会向相反的方向转变。因此凡是抱持自满态度而能长久的人，从未有过。所以说，自认为了不起的人，天底下有益的善言，他就再也听不进了。

140.不自见，故明；圣人因天下之目以视，故能明达。不自是，故彰；圣人不自为是而非人，故能彰显于世。不自伐①，故有功；圣人德化流行，不自取其美，故有功于天下也。不自矜②，故长。圣人不自贵大，故能长久不危也。夫唯不争，故天下莫能与之争。此言天下贤与不肖，无能与不争者争。（卷三十四·老子）

【注释】①伐：自吹自擂，夸耀自己。②矜：恃己之能。

【译文】不执着自己的主观成见（而从天下人的角度看事物），所以对事物看得分明；不自以为是（而吸取天下人的正确看法），所以盛德显现于外；不自我夸耀，所以能成就功业；不自恃己能、自高自大，所以长久不危。正因为不与人争，所以天下没有谁能与他相争。

141.君子务脩诸内，而让之于外；务积于身，而处之以不足。（卷四十八·体论）

【译文】君子致力于对内修养自身，而对外谦让（让位于贤，让功于众，让名于上）；致力于积累自身的德行、智慧、能力，而时刻以自己还很不足来自处。

142.谦。《象》曰：地中有山[①]，谦。君子以裒[②]多益寡，称[③]物平施。（卷一·周易）

【注释】①地中有山：指谦卦下艮为山，上坤为地，犹山在地之中。②裒（póu）：减少。③称：权衡。

【译文】谦卦《象传》说：谦卦的卦象是艮（山）下坤（地）上，为高山隐藏于地中之表象，象征高才美德隐藏于心中而不外露，所以称作谦。君子总是损多益少，衡量各种事物，然后取长补短，使其平均。

143.夫谦德之光，《周易》所美；满溢之位，道家之[①]所戒。故君子福大而愈惧，爵隆而益恭。远察近览，俯仰有则，铭诸机[2]杖，刻诸槃杅[3]，矜矜业业[4]，无殆无荒。如此，则百福是荷[5]，庆流无穷矣。（卷二十二·后汉书二）

【注释】①之：此字为衍文。比"天明本"更早的"元和本"并无此字。②机：通"几"。几案，小桌子。用以搁置物件或倚靠。③槃杅（yú）：盘与盂的并称。用于盛物。古代常将铭言或功绩刻于盘盂，以为法鉴。槃：古代盛水器皿。籀文为"盘"，后世多用"盘"。杅：通"盂"。盛汤浆的器皿。④矜矜业业：谨慎戒惧貌。矜矜：戒惧，小心谨慎。业业：危惧。⑤荷（hè）：承受。

【译文】谦虚仁德的光彩，是《周易》大力称赞的；过满则溢的位置，是道家引以为戒的。所以君子福愈大愈惊惧，官位愈高愈谦恭。观察古人和今人，一举一动都有准则，将铭文刻在几案和拐杖上，刻在盘和盂上，兢兢业业，不敢怠慢。这样，就能承载百福，福泽绵长了。

144.凡趣舍[1]之患，在于见可欲而不虑其败，见可利而不虑其害，故动近于危辱。昔孙叔敖三相楚国，而其心愈卑，每益禄而其施愈博，位滋高而其礼愈恭。正考父伛偻[2]而走，晏平仲辞其赐邑。此皆守满以冲，为臣之体也。（卷四十八·体论）

【注释】①趣舍：取舍。趣：通“取”。②伛偻（yǔ lǚ）：恭敬貌。伛：曲背，弯腰。偻：使身体弯曲，表示恭敬。

【译文】一般人在进退、取舍时常患的毛病是，只看到自己的欲望可以满足而不考虑失败，只看到可以获得利益而不考虑其带来的危害，所以稍有行动就接近于危险耻辱。过去孙叔敖三次做楚国宰相，而其内心更为谦卑，每次增加了俸禄，他的施舍就更为广泛，地位愈高，他待人就愈加谦恭。孔子的先祖正考父谦卑恭敬地行走，晏婴推却不受君王封赏的城邑。他们都是以淡泊谦逊的态度身居显位、保守基业，这是作为臣子应该具备的基本素质。

八、谨慎

145.舜戒禹曰："邻哉，邻哉[①]！"言慎所近也。周公戒成王曰："其朋，其朋[②]！"言慎所与也。（卷二十五·魏志上）

【注释】①邻哉邻哉：出自《尚书·虞书·益稷》，原文是："帝曰：'吁，臣哉，邻哉！邻哉，臣哉！'"②其朋其朋：出自《尚书·周书·洛诰》，原文是："周公曰：'……孺子其朋，孺子其朋！其往。'"

【译文】虞舜告诫夏禹说："邻哉，邻哉！"就是说要慎重选择所亲近的大臣。周公告诫成王说："其朋，其朋！"意思是说要慎重选择所交往的人。

146.孔子曰："临事而惧，希[①]不济。"《易》曰："若履

虎尾，终之吉。”若群臣之众，皆戒慎[②]恐惧，若履虎尾，则何不济[③]之有乎？（卷三十六·尸子）

【注释】①希：少有、不多，通“稀”。②戒慎：警惕谨慎。③济：成就，成功。

【译文】孔子说：“处理事情能保持戒慎恐惧之心，就很少有办不到的事。”《易经》说：“如果做事能像踩在老虎尾巴上一样战兢惕厉，并且始终如此，就能得到吉祥顺利。”假如国家所有官员，对待工作都能够保持警惕谨慎的态度，就如同踩在老虎尾巴上，那么又有什么事情办不好呢？

147.是故君子敬孤独，而慎幽微。虽在隐翳，鬼神不得见其隙，况于游宴乎？（卷四十六·中论）

【译文】因此，君子孤身独处时恭敬庄重，在隐约细微之处也小心谨慎。即使在无人能见的隐蔽之处，心念都不会偏斜，因而鬼神都看不到他的过失，更何况是游乐饮宴之时呢？

148.居宠思危，罔弗惟畏，弗畏入畏。言虽居贵宠，当常思危惧，无所不畏。若乃不畏，则入可畏之刑。（卷二·尚书）

【译文】处在贵宠的位置，要想到危险而有所畏惧，没有一件事不敬畏，如果什么都不怕，就会坠入可畏的困境。

149.君子之于己也，无事而不惧[①]焉。我之有善，惧人之未吾好[②]也；我之有不善，惧人之必吾恶也；见人之善，惧我之不能脩[③]也；见人之不善，惧我之必若彼也。（卷四十六·中论）

【注释】①惧：警戒恐惧。②好：喜爱，爱好。③脩：同“修”。学习。

【译文】君子对于自身，没有不警戒恐惧的事情。自己有善行美德，则戒惧别人未必就喜欢自己；自己有不善，则戒惧别人肯定会厌恶自己；看见别人的善行美德，则戒惧自己不能学到；看见别人的不善，则戒惧自己（若不提高警觉，反省、改过）必定会像他那样。

150.目妄视则淫，耳妄闻（闻作听）则惑，口妄言则乱。三关者，不可不慎守也。（卷四十一·淮南子）

【译文】眼睛胡乱观看就会失去节制，耳朵胡乱听受就会产生迷惑，信口胡乱言谈就会导致祸乱。这三道关口，不能不谨慎地守住。

151.善为政者，知一事之不可阙也，故无物而不备；知一是之不可失也，故众非与之共得。其不然者，轻一事之为小，忽而阙焉，不知众物与之共多也；睹一非之为小也，轻而蹈焉，不知众是与之共失也。（卷四十七·刘廙政论）

【译文】懂得治理政事的人，知道每一项工作都不可以缺少，所以没有一件物品不准备好的；知道正确的意见一条也不可遗漏，所以许多不正确的意见都要与之同时听取。不懂治理的人，看轻了一件事认为它很小，疏忽了它而造成缺漏，不知道众多的事物有了它才能变得完整；认为一个错误很小，轻忽了它而贸然去做，却不知道总体正确的东西会因一次小错误而全盘皆失。

152.颐。《象》曰：山下有雷，颐。君子以慎言语，节饮食。言语饮食，犹慎而节之，而况其余乎。（卷一·周易）

【译文】颐卦《象传》说：颐卦的卦象是震（雷）下艮（山）上，为雷在山下震动之表象。引申为咀嚼食物时上颚静止、下颚活动的状态，因而象征颐养。颐养必须坚守正道，所以君子应当言语谨慎、节制饮食。（这样才能培养美好的品德，同时也能让周遭的人受到好的影响；才能养护健康的身体，同时也能让大自然中的动物得到安养。）

153.文学[①]防辅[②]遂共表称陈衮[③]美。衮闻之大惊惧，责让[④]文学曰："修身自守，常人之行耳，而诸君乃以上闻，是适所以增其负累也。且如有善，何患不闻？而遽[⑤]共如是，是非益我。"其诫慎如此。（卷二十六·魏志下）

【注释】①文学：官名。汉代于州郡及王国置文学，或称文学掾，或称文学史。三国魏沿袭东汉官制，亦有此官名。②防辅：三国魏官名。设于诸王之国中，以监察诸王之行动。③衮（gǔn）：曹衮，三国时期曹魏宗室，魏武帝曹操之子，魏文帝曹丕异母弟。④责让：斥责，谴责。⑤遽（jù）：疾速。

【译文】文学侍从和防辅之官于是一同上表称述曹衮的美德。曹衮听说后，大为惊恐，责备文学说："修养身心、保持操守，不过是平常人的行为罢了，而诸位却将此上报给朝廷，这恰恰会为我增加负担。再说，如果我有好的行为，何必担心别人不知道？而你们却急着一起这样做，这并不是对我好啊。"他的警惕谨慎就像这样。

九、交友

154.君子慎其所去就。与君子游，如长日加益而不自知也；与小人游，如履薄冰，每履而下，几何而不陷乎哉？（卷三十五·曾子）

【译文】君子对朋友的取舍必须非常谨慎。与君子交往，就像白昼变长的季节，德行不断增长而自己却不知道；与小人交往，就像踏在薄冰之上，每踏一下，便更加危险，能有几个人不陷落水中呢？

十、学问

155.孔子曰："生而知之[①]者，上也；学而知之者，次也；困[②]而学之，又其次也；困，谓有所不通也。困而不学，民斯为下矣。"（卷九·论语）

【注释】①生而知之：即天性仁厚的意思。之：这里指的不是一般的知识技能方面的学问，而是道德学问的范畴。②困：有所不通，心智不开。

【译文】孔子说："生下来就知道事理的，那是上等资质的人；学习后就能知道的，那是次一等资质的人；心智不开、有所不通然后苦学的，那是又次一等的人；天资愚钝、心智不开而依然不学，是资质最差的了。"

156.盖闻君子耻当年而功不立，疾没世而名不称。故曰：“学如不及，犹恐失之。”是以古之志士，悼年齿[①]之流迈[②]，而惧名称之不建也，故勉精厉操，不遑[③]宁息[④]。且以西伯[⑤]之圣，姬公[⑥]之才，犹有日昃[⑦]待旦[⑧]之劳，故能隆王道[⑨]，垂名亿载，况在臣庶，而可以已乎？（卷二十八·吴志下）

【注释】①年齿：年龄。②流迈：犹流逝。③遑（huáng）：闲暇。④宁息：安定休息。⑤西伯：指周文王，姓姬，名昌，商朝末年为西伯侯。⑥姬公：指周公，姬姓，名旦。文王之子，武王之弟。⑦日昃（zè）：太阳偏西，约下午二时左右。指文王太阳偏西还顾不上吃饭，形容专心致志，勤于政事。语出《尚书》：“（文王）自朝至于日中昃，不遑暇食，用协和万民。”昃：指日西斜。⑧待旦：即坐以待旦，坐着等待天明，表示勤谨。语出《孟子》：“周公思兼三王，其有不合者，仰而思之，夜以继日；幸而得之，坐以待旦。”⑨王道：以德治国之道。

【译文】听说君子以年富力强而功业未能建立为羞耻，忧虑人在将死之时名声还未能显扬。所以（孔子）说：“一开始求学的时候，好像追人，而有追不上的感觉；勤学有得以后，必须温习，犹如得了一物生怕遗失一样。”因此古代的有志之士，伤感于时光的流逝，而害怕功名不能建立，所以精勤奋勉，砥砺节操，无暇安闲休息。况且凭着文王的圣明、周公的才能，还有忙碌到日头偏西还顾不上吃饭、勤于政事而坐等天明的辛劳，才可以使王道兴隆，美名流传亿万年，更何况普通的臣民，难道可以止步不前吗？

157.子夏[①]曰："孔子弟子卜商也。事父母能竭其力，事君能致其身，尽忠节，不爱其身也。与朋友交，言而有信。虽曰未学，吾必谓之学矣。"（卷九·论语）

【注释】①子夏：姓卜，名商，孔子弟子。

【译文】子夏说："侍奉父母能尽心竭力，事奉君上能尽忠职守（崇尚道义超过对自己身体的爱惜），与朋友交往能诚信无欺。这样的人，即使他说自己没有学问，我必定说他已有学问了。"

158.善学者，假先王以论道；善因者，借外智以接物。故假人之目以视，奚适[①]夫两见；假人之耳以听，奚适夫两闻；假人之智以虑，奚适夫两察。（卷五十·袁子正书）

【注释】①奚适：犹言奚啻。何止，岂但。

【译文】善于治学的人，藉助古圣先王来阐明道理；善于凭借外力的人，藉助他人的智慧来应对万事万物。所以藉助别人的眼睛来看，何止能看清楚两方面的事物；藉助他人的耳朵来听，何止能听到两方面的声音；藉助别人的智慧来思考审察，何止能明察两方面的事理。

159.夫《易》，圣人之所以极深而研几[1]也。唯深也，故能通天下之志；唯几也，故能成天下之务；极未形之理，则曰深。适动微之会，则曰几也。唯神也，故不疾而速，不行而至。（卷一·周易）

【注释】①极深而研几：极深，是由宇宙的万象，深入观察到宇宙人生的本体。研几，是观察自心初动的一念，及时警觉，让它保持清明，不使它流入昏昧。极深的功夫是从研几得到的。

【译文】《易经》，是圣人用于“极深研几”的一门大学问。正因其深入洞彻宇宙人生，所以能通达天下人的心志；正因其让人保持念头清明，就永远向吉背凶，所以就能够成就天下一切事务；正因其与宇宙大道神妙感通，故不需急疾，而事速成，不需主观行动，而达目标。

160.人莫不知学之有益于己也，然而不能者，嬉戏害之也。人皆多以无用害有用，故知不博而日不足。以凿观池之力耕，则田野必辟[1]矣；以积土山之高脩隄[2]防，则水用必足矣；以食狗马鸿雁之费养士，则名誉必荣矣；以弋猎[3]

博奕[④]之日诵《诗》、《书》，则闻识必博矣。（卷四十一·淮南子）

【注释】①辟（pì）：开垦。②隄：同“堤”。挡水的堤坝。③弋（yì）猎：射猎，狩猎。④博奕：下棋之类的游戏。奕，当作“弈”。

【译文】没有哪个人不懂得学习对自己是有益处的，然而却不能好好地去学习，这是贪图玩乐害了他。人们大都是以无用之事来妨碍有用之事，所以智慧不广博并且时间不够用（因为虚度光阴）。如果用挖掘供观赏的池塘的力气去翻土犁田，那么田野一定会被开垦出来；如果用堆积土山修高台的工夫去兴修堤防，那么用水就一定会很充足；如果用喂养狗、马、鸿、雁所花的费用来奉养士人，那么名声一定荣耀；如果用射猎博弈的时间去诵读《诗经》、《尚书》等经典，那么学问一定会广博。

161.子曰：“德之不修，学之不讲，闻义不能徙也，不善不能改也，是吾忧也。”夫子常以此四者，为忧也。（卷九·论语）

【译文】孔子说：“品德不加修养，学问不深入讲究，听到合宜的道理不能去实行，缺点不能改正，这都是我所担忧的。”

十一、有恒

162.圣人贵恒。“恒者，德之固也[①]”。“圣人久于其道，而天下化成[②]。”未有不恒而可以成德，无德而可以持久者也。（卷五十·袁子正书）

【注释】①恒者，德之固也：出自《易经·系辞传下》。②圣人久于其道，而天下化成：出自《易经·恒卦》。

【译文】圣人贵在有恒。“只有长久坚持才能使德行坚固”。“圣人长久坚持德教，天下的教化才可成功。”没有不长久坚持而可以成就德教的，也没有无德而可以长治久安的。

163.犹（犹上恐脱圣人二字）十五志学，朋友讲习，自强不息，德与年进，至于七十，然后心从而不踰矩[①]。况于不及

中规[2]者乎？而不自勉也！（卷四十五·昌言）

【注释】①矩：原指画方形或直角的用具，即曲尺。引申为法度、常规。②中规：原指同圆规相符。引申为合乎准则、要求。

【译文】圣人尚且十五岁就专心求学，与志同道合的人在一起讲议研习、切磋学问，自强不息，品德随年龄增长而不断提升，到七十岁才顺从心之所欲而不逾越法度。何况言行还不能合乎规范的人呢？能不自我勉励嘛！

十二、处世

164.兼服[①]天下之心：高上尊贵，不以骄人；聪明圣智，不以穷人；齐给[②]速通，不争先人；刚毅勇敢，不以伤人；不知则问，不能则学，虽能必让。（卷三十八·孙卿子）

【注释】①兼服：让所有人信服。兼：全部，整个。服：信服，佩服。②齐给：敏捷。齐：通“齌”（jì）。

【译文】可以让天下人都心悦诚服的做法是：居于高位，身分尊贵，但不以此而傲视别人；聪明睿智，无所不通，但不以此使人困窘；言辞敏捷，反应迅速，但不以此与人争先；刚强果决，勇敢大胆，但不以此去伤害人；自己不知道的就去请教，自己不会的事情就去学习，虽然有能力，也一定时刻保持谦逊恭让。

165.为善与众行之，为巧与众能之，此善之善者，巧之巧者也。故所贵圣人之治，不贵其独治，贵其能与众共治也；所贵工倕[①]之巧，不贵其独巧，贵其与众共巧也。（卷三十七·尹文子）

【注释】①倕：又作“垂”，古巧匠名。一说是尧时巧匠，被召主理百工，故称工倕；一说是黄帝时巧匠，是农具的创造者。

【译文】自己行善而能使大众与自己一起行善，自己做工精巧而能使大众的技艺也变得精巧起来，这才是善中之善、巧中之巧啊！所以圣人治理国家的可贵之处，不在于圣人能独立治理国家，而在于圣人能与众人共同来治理；巧匠倕的可贵之处，不在他个人做事精巧，而在于他能协同众人共做精巧之物。

166.“同人，先号咷[①]而后笑。”子曰：“君子之道，或出或处，或默或语。二人同心，其利断金。同人终获后笑者，以有同心之应也。夫所况同者，岂系乎一方哉？君子出处默语，不违其中，则其迹虽异，道同则应也。同心之言，其臭如兰。”（卷一·周易）

【注释】①号咷（táo）：放声大哭。咷：大哭。

【译文】同人卦的九五爻辞说：“同人九五，在居尊得位，在天下和同之先，本有艰难，故号咷大哭，以至诚感人，终至天下和同，故后快乐而笑。”孔子说：“君子之道，或出而服务天下，或隐处而独善其身，或沉默，或言语。如二人同心，其锋利足以截断坚硬的金属。同心的意思，是说二人精诚团结，心意齐同，其中的味道，犹如兰花的芬芳。”

167.不以口誉人[①]，则民作忠。故君子问人之寒则衣[②]之，问人之饥则食[③]之，称人之美则爵之。皆为有言，不可以无实也。（卷七·礼记）

【注释】①誉人：让人高兴。誉：欢愉、安乐。②衣（yì）：谓给人穿上衣服。③食（sì）：拿东西给人吃。

【译文】君子不用空话讨人好感，那么人民就会兴起忠实的风气。君子慰问别人的寒冷，就会拿衣服给他穿；慰问别人的饥饿，就会送食物给他吃；称赞别人品德高尚、办事完美，就会授予他相应的官位。

168.有人乘船而遇大风者，波至而恐，自投水中。非不贪生而畏死，惑[①]于恐死而反忘生也。故人之嗜欲亦犹此也。故达道之人，不苟得[②]，不让[③]福；其有不弃，非其有不索也；恒盈而不溢，常虚[④]而易足。（卷四十一·淮南子）

【注释】①惑：昏乱。②苟得：苟且求得，不当得而得。③让：清代俞樾先生认为当为“攘”。攘：推却，不接受。④虚：指无欲无为的境界。

【译文】有一个人坐船而遇到大风，见到波浪袭来就恐惧，自己投入水中淹死了。他并非不贪生怕死，他是被怕死的念头吓昏了头，反而忘记还有生的机会。所以人有嗜欲，也是像这个样子。因此，通达道理的人，不苟且取得，不推让福分；该保有的不放弃，不该拥有的绝不索取；常常充实盈满而不会漫溢，常常清净无欲而容易满足。

169.大禹圣者，乃惜寸阴；至于众人，当惜分阴[①]，岂可逸游[②]荒醉[③]？生无益于时，死无闻于后，是自弃也。（卷三十·晋书下）

【注释】①分阴：谓极短的时间。阴：日影。②逸游：放纵游乐。③荒醉：沉湎于酒。

【译文】（陶侃常常对人说：）大禹是位圣人，尚且珍惜每一寸光阴；对于一般人，更应当爱惜每一分光阴，怎么可以放纵游乐、沉湎于酒呢？活着的时候对当时的国家社会没有贡献，死后湮没无闻，没有美名流传于后世，这是自甘堕落啊！

170.夫著作书论[①]者，乃欲阐弘[②]大道，述明圣教，推演事义，尽极情类，记是贬非，以为法式，当时可行，后世可修。（卷四十七·政要论）

【注释】①书论：古代文体名，书与论。②阐弘：阐扬光大。

【译文】撰写书论的目的，在于阐扬光大世间正道，阐述说明圣贤教化的道理，推论演绎事情背后的义理，极尽幽微地洞察人情，记述真理，针砭错误，以此作为标准和法度，不仅可以在当时实行，也可以让后世的人修习。

肆、为政

一、务本

171.上纲苟直，百目皆开；德行苟直，群物皆正。正也者，正人者也。身不正，则人不从。是故不言而信，不怒而威，不施而仁。有诸心而彼正，谓之至政。（卷三十六·尸子）

【译文】一张网如果上面的主绳提直了，网上的众多网孔都会张开。一个人如果德行端正，身边的人事物都会随之而正。所谓政治，它的实质是端正人的品行，为政者如果自身不端正，那么别人就不会相从。因此，不用言语就让人信服，不用发怒就有威严，不用施惠就有仁德，为政者有这样的端正之心，人们就会随之而正，这就称为最完美的政治。

172.一天下者，令于天下则行，禁焉则止。桀、纣令天下而不行，禁焉而不止，故不得臣也。目之所美，心以为不义，弗敢视也；口之所甘[①]，心以为非义，弗敢食也；耳之所乐，心以为不义，不敢听也；身之所安，心以为不义，弗敢服[②]也。然则令于天下而行，禁焉而止者，心也。故曰："心者，身之君[③]也。"天子以天下受令于心，心不当，则天下祸；诸侯以国受令于心，心不当，则国亡；匹夫以身受令于心，心不当，则身为戮矣。（卷三十六·尸子）

【注释】①甘：以为甘美。②服：使用。③君：主宰。

【译文】统一国家，就是整个国家能够有令则行，有禁则止。夏桀、商纣在位时，有令不行、有禁不止，所以不能统属民众。眼睛觉得美丽的东西，自己内心认为看了不合道义，就不敢去看；嘴巴觉得美味的食物，自己内心认为吃了不合道义，就不敢去吃；耳朵觉得悦耳的声音，自己内心认为听了不合道义，就不敢去听；身体觉得安适的东西，自己内心认为用了不合道义，就不敢享用。可见，能使天下有令就行、有禁就止，是人心在起作用。所以说："心，是自身言行的主宰。"君王以自己的存心治理国家，如果存心不正，国家就会遭到祸殃；地方长官以自己的存心治理行政区域，如果存心不正，所治理的地区就会败乱；个人以自己的存心立身处事，如果存心不正，就会惹来杀身之祸。

173.夫改政移风，必有其本。《传》曰："吴王好剑客，百姓多瘢[①]疮[②]；楚王好细腰，宫中多饿死。"长安语曰："城中好高髻，四方高一尺；城中好广眉，四方且半额；城中好大袖，四方用匹帛。"斯言如戏，有切事实。（卷二十一·后汉书一）

【注释】①瘢（bān）：创口或疮口愈合后留下的痕迹。②疮（chuāng）：创伤，创口。

【译文】改变风气习俗，必须抓住根本。《左传》中记载说："吴王喜欢精于剑术的人，老百姓就多有创伤；楚王喜欢细腰，宫女们多有饿死的。"长安城中的谚语说："城里的人喜欢束高发髻，四处乡下的百姓发髻就高达一尺；城里的人喜欢画宽眉，乡下的百姓就将眉毛画到半额宽；城里人喜欢长衣袖，乡下的百姓就用整匹布来做衣袖。"这些虽似笑话，但却切中事实。

174.明主在上位，则官不得枉法，吏不得为私。民知事吏之无益，故货财不行于吏；权衡[①]平正而待物，故奸诈之人，不得行其私。故曰："有权衡之称者，不可欺以轻重也。"（卷三十二·管子）

【注释】①权衡：称量物体轻重的器具。权：秤锤。衡：秤杆。

【译文】贤明的君主居于上位，官员就不能枉法，官吏就不能营私。百姓知道事奉官吏没有利益，所以就不用财物去贿赂官吏。君主能做到像秤锤秤杆一样公平正直地对待他人，那么奸诈的人就不能营私舞弊了。所以说："有秤锤秤杆的称量，就无法在轻重上欺骗人。"

175.公[①]曰："子之教寡人备矣，敢问行之所始？"孔子曰："立爱自亲始，教民睦也；立敬自长始，教民顺也。教以慈[②]睦，而民贵有亲；教以敬长，而民贵用命[③]。民既孝于亲，又顺以听命，措诸天下，无所不行。"（卷十·孔子家语）

【注释】①公：指鲁哀公。本段节录自《孔子家语·哀公问政》篇。此篇开头哀公问孔子治国之道，夫子总结历史经验：人存政举，人亡政息，故为政在于得人。而得人前提是领导者以仁义修身，就是从事亲、尊贤做起。然后夫子引出了五达道、三达德和治国九经的论述，及九经的实行在于"诚"。接下来哀公询问从何做起，即是本段选文。事又见《礼记·祭义》。②慈：指对父母的爱敬、孝敬。③用命：执行命令，听从命令。

【译文】哀公说："您这样来教导我，已经很完备了，请问从哪里开始做起呢？"孔子说："培养爱心要从侍奉自己的父母双亲开始，可以教给百姓和睦；培养恭敬心要从服务自己的长辈开始，可以教给百姓和顺。（领导以身作则）用爱敬、和睦来教化，百姓就会注重孝养父母；（领导以身作则）用尊敬长辈、师长来教化，百姓就乐意听从命令。百姓既孝敬父母，又能恭顺听从命令，用这种道理施行于天下，便没有行不通的。”

176.子曰：“上好礼，则民莫敢不敬；上好义，则民莫敢不服；上好信，则民莫敢不用情①。情，情实也。言民化上，各以实应也。夫如是，则四方之民，襁负其子而至②矣。”（卷九·论语）

【注释】①用情：指以诚相待。②襁（qiǎng）负其子而至：用布将小儿束负于背上，形容百姓扶老携幼纷纷前来归附。襁：背负婴儿用的宽带。

【译文】孔子说：“在上位者好礼，民众就不敢不敬；在上位者好义，民众就不敢不服从；在上位者好信，民众就不敢不以诚相待。在上位的为政者若能如此，四方民众自然就会背着他们的孩子来归附。”

177.君子无德即下怨，无仁即下争，无义即下异（异作暴），无礼即下乱。四经不立①，谓之无道。无道而不亡者，未之有也。（卷三十五·文子）

【注释】①四经不立：德、仁、义、礼四种准则不能树立。经：常道，指常行的义理、准则。

【译文】君主缺乏德行，百姓就会怨恨；君主缺乏仁爱，百姓就会纷争；君主没有正义，百姓就会叛乱；国家没有礼制，百姓就会混乱无序。这四项准则不确立，就是无道。无道而不灭亡，这是从未有过的。

178.凡人未见圣，若弗克[①]见；既见圣，亦弗克由[②]圣。此言凡人有初无终也。未见圣道，如不能得见。已见圣道，亦不能用之，所以无成也。尔其戒[③]哉！尔惟风，下民惟草。汝戒勿为凡人之行也。民从上教而变，犹草应风而偃，不可不慎也。（卷二·尚书）

【注释】①克：能。②由：用，依从。③戒：警惕。

【译文】（成王令周公之子君陈继其父之后在洛邑监治殷顽民，对君陈说：）普通人未见圣人之道时，觉得好像不能见到；及至见到圣人之道，却又不能依从。你要以此为戒啊！因为你是风，民众是草。（草随风动，所以须慎重地按圣人之道行事。）

179.兵者所以讨暴也，非所以为暴也；乐者所以致和[①]也，非所以为淫也；丧者所以尽哀也，非所以为伪也。故事亲有道矣，而爱为务；朝廷有容[2]矣，而敬为上；处丧有礼矣，而哀为主；用兵有术矣，而义为本。本立而道行，本伤而道废矣。（卷四十一·淮南子）

【注释】①致和：使人获得和谐心境。②有容：指君臣仪容威盛。

【译文】军队是用来讨伐并平息暴乱的，不是用来制造暴乱的；音乐是用来培养和谐心境的，不是用来使人产生邪思、放纵无度的；服丧是用来充分表达哀悼之情的，不是用来装模作样的。所以，事奉父母有孝道，而以真心敬爱为要务；在朝议政有礼仪，而以敬而无失为上；居丧有礼节，而发自内心的哀悼是主要的；用兵有策略，而以正义为根本。根本确立以后，道才能顺畅施行；根本受到破坏，道就会被废弃。

180.圣人南面[1]而听天下，所且先者有五，民不得与焉。且先，言未遑余事。一曰治亲，二曰报功，三曰举贤，四曰使能，五曰存爱[2]。功，功臣也。存，察也。察有仁爱者。五者一得[3]于天下，民无不足，无不赡[4]。五者一物纰缪[5]，民不得其死[6]。物，犹事。纰，犹错也。五事得则民足。一事失则民不得其死，明政之难也。圣人南面而治天下，必自人道始矣。人道谓此五事也。（卷七·礼记）

【注释】①南面：古代君主之位坐北朝南，故称“南面”。②存爱：明察有仁爱之心的人。③一得：指统统做到。一：全、满。④赡（shàn）：丰裕。⑤纰缪（pī miù）：错误。⑥不得其死：不能够寿终正寝。此处的“死”指人的正常死亡，即自然衰老尽其天寿，无疾而终。

【译文】圣明的人南面称王治理全国，必将先做好五件事情，而一般民事还不在其内。这五项是：一是依礼法端正亲属之间的关系，确定长幼尊卑的名分；二是封赏有功之臣；三是举荐和选拔贤德之人；四是任用有才能的人；五是明察和奖励民间有善心善行的人。这五件事如果能统统做到，全国的百姓将没有匮乏，无不丰裕。如果这五项有一项乖错失道，那么民众就不能安享天年。圣明的天子治理国家，一定从人伦之道（指上面说的五件事）做起。

181.凡为治之大体[①]，莫善于抑末而务本，莫不善于离本而饰[②]末。夫为国者，以富民为本，以正学为基。民富乃可教，学正乃得义；民贫则背善，学淫[③]则诈伪；入学则不乱，得义则忠孝。故明君之法，务此二者，以为太平基也。（卷四十四·潜夫论）

【注释】①大体：大要，纲领。②饰：修治。③淫：奢华，浮华。

【译文】治理国家的大政方针，没有比抑制末业而致力于根本更好的了，没有比舍弃根本而修治末业更糟的了。治理国家的君主，以使百姓富裕为根本，以施行正确的教育为基础。百姓富足才可以进行教化，教育的理念和内容正确才能够懂得道义；百姓贫穷就会背弃善行，教学内容浮华就会滋长巧诈虚伪；接受了教育就不会是非混淆，懂得了道义就会尽忠尽孝。因此明君治国的方法，就是用心致力于富民、正学这两方面，以此作为国家太平的基础。

182.夫随俗树化，因世建业，慎在务三而已。一曰择人，二曰因民，三曰从时。时移而不移，违天之祥也；民望而不因，违人之咎①也；好善而不能择人，败官之患也。三者失，则天人之事悖②矣。夫人乖③则时逆，时逆则天违。天违而望国安，未有也。（卷四十七·蒋子）

【注释】①咎：过失，罪过。②悖：背谬，行不通。③乖：背离，违背，不和谐。

【译文】根据风俗来教化人民，依据时势来建功立业，应该慎重地做好三方面的事情：一是选拔德才兼备的人才，二是倾听人民的意愿，三是随顺时势。时势变化而不能够随顺，这是违背自然规律的凶灾；人民的愿望我们不去顺从，这是违背民意的罪过；喜好善事而不能选用有德之人，这是败坏官场风气的祸患。

这三方面出现失误，则天时和人事就会悖乱。人心不和谐就会呈现时势逆转，时势逆转则天道与人事相违。违背天道而希望国泰民安，这是不可能的事情。

183.昔仲弓[①]季氏[②]之家臣，子游[③]武城[④]之小宰[⑤]，孔子犹诲以贤才，问以得人[⑥]。明政之小大，以人为本。（卷二十一·后汉书一）

【注释】①仲弓：春秋鲁国人，冉氏，名雍，字仲弓，孔子的学生，以德行著称，曾任季氏宰。②季氏：季桓子，即季孙斯，春秋时鲁国卿大夫。③子游：姓言，名偃，字子游，亦称“言游”、“叔氏”，春秋末吴国人，孔子的弟子，孔门十哲之一。④武城：指武城县，位于山东省西北边陲，鲁西北平原，现隶属山东省德州市。⑤小宰：邑宰，县邑的长官，即县令。⑥得人：谓得到德才兼备的人。亦谓用人得当。

【译文】从前仲弓是季氏的家臣，子游是武城的县官，孔子尚且教诲他们要任用贤才，询问是否用人得当。说明政事无论大小，皆以用人为根本。

184.臣闻，上古尧舜之时，不贵爵赏，而民劝善[①]；不重刑罚，而民不犯。躬[②]率以正，遇[③]民信也。末世贵爵厚赏，而民不信也。夫厚赏重刑，未足以劝善而禁非，必信而已矣。是故因能任官，则分职治；去无用之言，则事情[4]得；不作无用之器，即赋敛省；不夺民时，即百姓富；有德者进，无德者退，则朝廷尊；有功者上，无功者下，则群臣逡[5]；罚当罪则奸邪止；赏当贤则臣下劝。凡此八者，治之本也。（卷十八·汉书六）

【注释】①劝善：勉力为善。劝：勤勉，努力。②躬：亲自。③遇：对待。④事情：事物的真相，实情。⑤逡（qūn）：退让，退避。

【译文】（公孙弘上疏说：）我听说上古尧舜的时代，不重视封爵、赏赐，而人民都能努力向善；不崇尚施用严刑重罚，而人民却不轻易犯法。这是因为尧舜自身以无私公正之心领导臣民，对待人民有信义。到了后世重视封爵，厚加赏赐，可是人民却并不信任。丰厚的赏赐、严厉的刑罚，不足以勉励人们向善、禁止人们为非，必须对百姓有信义才行。所以，按照能力任用官员，则各自分配的职务就能治理得当；去除无用的言词，就能了解事物的真相；不制作无用的器物，就能减少税赋；不耽误农时，百姓就能富足；有德行的人予以进用，无德行的人予以斥退，朝廷就能树立起威信；有功劳的人得到提拔，无功劳的人给予降职，群臣就能明白退让的道理；处罚的轻重适合其罪行，奸邪之人就会止步；奖赏的多少适合其贤能程度，臣下就会得到勉励。总括这八点，是治国的根本。

185.故先王见始终之变，知存亡之机[①]，是以牧民[②]之道，务在安之而已。天下虽有逆行之臣，必无响应之助矣。故曰“安民可与行义，而危民易与为非”，此之谓也。（卷十一·史记上）

【注释】①机：事物的关键，枢纽。②牧民：治民。

【译文】所以古代圣王能洞察事物演变的规律，知道什么是国家存亡的关键，因此治理人民的方法，关键就在使他们过上安定的生活。这样，天下即使出现图谋叛乱的臣子，也必然没有人响应参与。所以说“处于安定状态的人民可以引导他们共同行仁义，而处于危难之中的人民就容易一起做坏事”，说的就是这个道理。

二、教化

186.圣人行不言之教[①]。任其自行，斯不言之教也。道不可致[②]也。道在自然，非可言致也。失道而后德，失德而后仁，失仁而后义，失义而后礼。（卷三十七·庄子）

【注释】①不言之教：指上位者以德化民，不待言词训诫，而天下平治。②致：求取，获得。

【译文】圣人施行的教化不依靠语言，而是以德政感化人民。大道是没有办法通过语言求得的。失"道"之后，只好据"德"来治天下；失"德"之后，只好依"仁"来治天下；失"仁"之后，只好行"义"来治天下；失"义"，最后只能以"礼"治天下了。

187.《语》曰："既富矣，又何加焉？曰：教之。"教之以

德，齐[①]之以礼，则民徙义[②]而从善。莫不入孝出悌[③]，夫何奢侈暴慢[④]之有乎？（卷四十二·盐铁论）

【注释】①齐：整，整饬，整治。②徙义：移向义，谓见义即改变意念而从之。③入孝出悌：在家孝敬父母，出门严守长幼礼义。④暴慢：凶暴傲慢。

【译文】《论语》上说："百姓已经富裕了，还要怎么办呢？孔子回答说：要教育他们。"用道德教化他们，用礼仪规范他们，百姓明理了就会改变意念依从正义和善道，人人都能在家孝敬父母、在外遵守长幼之礼。这样哪里还有什么挥霍浪费、凶暴傲慢的现象呢？

188.道行于世，则贫贱者不怨，富贵者不骄，愚弱者不慑[①]，智勇者不矜[②]，足于分也。法行于世，则贫贱者不敢怨富贵，富贵者不敢凌[③]贫贱，愚弱者不敢冀[④]智勇，智勇者不敢鄙愚弱。此法之不及道也。（卷三十七·尹文子）

【注释】①慑（shè）：恐惧。②矜：骄傲，夸耀。③凌：侵犯，欺侮。④冀：企图，非分地谋求。

【译文】如果道义能在世间施行，那么贫穷卑微的人就不会有怨言，富裕尊贵的人就不会骄横，愚笨软弱的人就不会恐惧害怕，聪明勇敢的人就不会盛气凌人，这是因为大家各守本分的缘故。如果良好的法令制度能在世间施行，那么贫穷卑微的人就不敢怨恨富裕尊贵的人，富裕尊贵的人也不敢欺凌贫穷卑微的人，愚笨软弱的人就不敢企盼超过聪明勇敢的人，聪明勇敢的人也不敢鄙视愚笨软弱的人。这就是“法治”不如“道治”的地方。

189.天道之大者在阴阳。阳为德，阴为刑。刑主杀，而德主生。是故阳常居大夏，而以生育养长为事；阴常居大冬，而积于空虚不用之处。以此见天之任德不任刑也。天使阳出布施[①]于上，而主岁功[②]。使阴入伏于下，而时出佐阳。阳不得阴之助，亦不能独成岁也。王者承天意以从事，故任德教而不任刑。刑者不可任以治世，犹阴之不可任以成岁也。（卷十七·汉书五）

【注释】①布施：犹普施，谓普遍施予。②岁功：一年农事的收获。

【译文】天道主要讲的是阴阳。阳代表德，阴代表刑。刑主杀，德主生。因此阳常常处于盛夏，以生育长养为职事；阴常常处于隆冬，积聚在空虚不用的地方。从这里就可看出，上天是任用德教而不轻用刑罚的。上天使阳气上升，在上普遍施予万物，主管一年的农业收成；让阴气隐藏于地下而按时出来辅助阳气。阳气如果得不到阴的辅助，也不能单独成就丰年。王者顺承上天的意旨来行事，所以任用德教而不轻用刑罚。刑罚不能单独用来治理天下，犹如不能只靠阴气而成就丰年一样。

190.大治之后，有易乱之民者，安宁无故[①]，邪心起也；大乱之后，有易治之势者，创艾[②]祸灾，乐生全[③]也。刑繁而乱益甚者，法难胜避，苟免[④]而无耻也；教兴而罚罕用者，仁义相厉[⑤]，廉耻成也。（卷四十五·仲长子昌言）

【注释】①无故：指没有发生非常的变故。②创艾（yì）：因受惩治而畏惧，戒惧。艾：通“乂”（yì）。儆戒，戒惧。③生全：保全生命。④苟免：苟且免于损害。⑤相厉：互相劝勉。厉：后人写作“励”，劝勉。

【译文】长治久安之后，会有作乱的百姓，这是因为安定太平没有动荡，人们就会萌生邪恶之心；大乱之后，有容易治理的趋势，这是因为百姓饱受灾祸的伤害而畏惧，渴望保全生命。刑罚繁多但混乱却更加严重，这是因为法网太密，难以躲避，于是人们就会为免于受罚苟且遵从法律，但不再有羞耻之心（一旦法律有漏洞，人们就会犯法）；教化兴起后刑罚很少被使用，这是因为以仁义相劝勉，人们的廉耻之心形成了的缘故。

191.夫上之化下，下之从上，犹泥之在钧[①]，唯[②]甄者[③]之所为；陶人作瓦器谓之甄。犹金之在镕[④]，唯冶者[⑤]之所铸。“绥[⑥]之斯俫[⑦]，动之斯和”，此之谓也。（卷十七·汉书五）

【注释】①钧（jūn）：制陶器所用的转轮。②唯：听凭，任随。③甄（zhēn）者：制陶工人。④镕：熔铸金属的模具。⑤冶者：铸造金属器物的工人。⑥绥（suí）：安，安抚。⑦俫：通“来”。

【译文】在上位的君主教化下面的臣民，下面的臣民服从君主，犹如陶土放在制陶器的转轮上，任凭陶艺师傅拉坯成形；又如同金属在模具里，任随铸造技工铸造。“以仁政安民，则远方之人就会前来归附；以乐教感动人民，则百姓就会和睦喜悦”，说的就是这个道理。

192.以身教者从，以言教者讼。（卷二十二·后汉书二）

【译文】（第五伦上疏说：）自己以身作则来教化，别人就会听从；只用言论教育别人（自己不做），就会有争论。

193.朝廷者，天下之桢干[①]也。公卿大夫相与循[②]礼恭让，则民不争；好仁乐施，则下不暴；上[③]义高节，则民兴行[④]；宽柔和惠，则众相爱。四者，明王之所以不严而成化也。何者？朝有变色之言[5]，则下有争斗之患。上有自专之士，则下有不让之人；上有克胜[6]之佐，则下有伤害之心；上有好利之臣，则下有盗窃之民。此其本也。今俗吏[7]之治，皆不本礼让，而上克暴，或忮害[8]好陷人于罪，贪财而慕势。故犯法者众，奸邪不止，虽严刑峻法，犹不为变。此非其天性，有由然也。（后补卷二十·汉书八）

【注释】①桢干（zhēn gàn）：即“桢榦”，古代筑墙时所用的木柱，竖在两端的叫“桢”，竖在两旁的叫“榦”。后用以指重要的、起决定作用的人或事物。②循：顺。③上：通“尚”，尊崇，重视。④兴行：因受感发起而实行。⑤变色之言：使脸色改变的话。多指为争论是非曲直而冲动发怒时说的话。⑥克胜：妒忌刻薄而好胜。⑦俗吏：才智凡庸的官吏。⑧忮（zhì）害：忌刻残忍，嫉忌陷害。忮：嫉妒，忌恨。

【译文】（匡衡上疏说：）朝廷，是支撑天下的梁柱。公卿大夫之间相互遵循礼节，恭敬谦让，那么百姓就不会互相争斗；大臣们爱好仁义，乐于施舍，那么百姓就不会使用暴力；百官重视高尚的节操，那么百姓就会因受感发起而实行；执政者宽缓和柔，温和仁惠，那么百姓就会相互亲爱友好。以上四点，是圣明的君主之所以能够不施行严刑峻法而完成教化的原因。这是为什么呢？因为朝廷上有冲动无理的争论言行，臣民就有争斗的祸患；

上面有独断专权的人，下面就会有不谦让的人；上面有妒忌刻薄而好胜的辅佐大臣，百姓就会有相互伤害之心；上面有贪财好利之臣，下面就会有偷盗行窃之民。这是造成社会风气变化的根本原因。当今才智凡庸的官吏治理国家，都不根据礼敬谦让的原则，而推崇峻刻暴虐的政策，有的残忍嫉忌，喜好陷害他人蒙受不白之冤，贪取财利倾慕权势，因此犯法的人很多，奸邪之行不能得到制止，即使用严厉的刑法，仍然不能改变这种状况。这不是他们的天性，而是由于当政者没有教化好。

194.文子[①]曰："周谚有言：'察见渊鱼者不祥，智料隐匿者有殃。'且君欲无盗，莫若举贤而任之，使教明于上，化行于下。人有耻心，则何盗之为？"于是用随会知政，而群盗奔秦焉。用聪明以察是非者，群诈之所逃；用少（少作先）识以擿奸伏者，众恶之所疾。智之为患，岂虚也哉。（卷三十四·列子）

【注释】①文子：赵文子，即赵武。嬴姓，赵氏，讳武，谥号曰"文"。春秋时晋国卿大夫。戏剧"赵氏孤儿"的历史原型。

【译文】赵武回答晋侯说："周人的谚语有这么一句话：'能看清深潭中游鱼的人不吉利，以智巧料知隐匿事物的人会遭殃。'您要想使晋国没有盗贼，不如选拔贤良并予以任用，使朝廷中政教清明，百姓中好风气流行。人们有了羞耻之心，哪还会去做盗贼呢？"于是晋侯任用随会主持有关政务，众多盗贼便逃往秦国去了。

195.所贵圣人者，非贵其随罪而作刑也，贵其防乱之所生也。是以至人[1]之为治也，民有小罪，必求其善以赦其过；民有大罪，必原其故以仁辅化。是故上下亲而不离，道化流而不蕰[2]。（卷四十八·体论）

【注释】①至人：指思想或道德修养最高超的人。②蕰（yùn）：古同"蕴"，聚积，积滞。

【译文】尊崇圣人的原因，不在于他能根据人民所犯的罪行而制定刑律，而在于他能事先防止祸害的产生。道德修养最高明的人这样治理国家：百姓如果犯有小罪，一定从中寻求他的善意之处，来赦免他的过失；百姓犯有大罪，一定找出犯罪的原因，然后用仁德来辅助教化他。因此上下亲近而不乖离，道德教化普施而不滞碍。

196.圣人无常心，圣人重改更，贵因循，若自无心也。以百姓心为心。百姓心之所便，因而从之。善者吾善之，百姓为善，圣人因而善之。不善者吾亦善之。百姓为不善，圣人化之使善。信者吾信之，百姓为信，圣人因而信之。不信者吾亦信之。百姓为不信，圣人化之使信也。（卷三十四·老子）

【译文】圣人没有主观的成见，根据百姓的需要和心理状态，怎样适合便怎样做。善良的人，我善待他；不善良的人，我也善待他（这样可使人人向善）。守信的人，我信任他；不守信的人，我也信任他（这样可使人人守信）。

197.善人者，不善人之师也；人之行善者，圣人即以为人师也。不善人者，善人之资[①]也。资，用也。人行不善，圣人教道使为善，得以为给用。（卷三十四·老子）

【注释】①资：给用，资材。

【译文】善人，是不善人的老师；不善的人，是善人的资材。（圣人教化导正他们，使他们回头向善，就可以发挥他们的作用。）

198.为国家者，见恶，如农夫之务去草焉，芟夷[①]蕴崇[②]之，绝其本根，勿使能殖，则善者信[③]矣。（后补卷四·春秋左氏传上）

【注释】①芟（shān）夷：除草，割除。芟：除草。夷：铲平，削平。②蕴（yùn）崇：积聚，堆积。蕴：积聚，蓄藏。崇：聚积。③信（shēn）：同“伸”。舒展开。

【译文】治理国家的人，见到恶行，就像农夫致力于除草一样，除掉它将它堆积起来，挖掉它的老根，不要使它再生长，那么善行就能得到伸展。

三、知人

199.当尧之时，舜为司徒[①]，契为司马[②]，禹为司空[③]，后稷为田畴[④]，夔为乐正[⑤]，倕[⑥]为工师[⑦]，伯夷为秩宗[⑧]，皋陶为大理[⑨]，益掌驱禽。尧不能为一焉。尧为君，而九子者为臣，其何故也？尧知九职之事，使九子各受其事，皆胜其任以成功，尧遂乘成功（本书乘成功作成厥功）以王天下。是故知人者主道也，知事者臣道也。主道知人，臣道知事，毋乱旧法，而天下治矣。（卷四十三·说苑）

【注释】①司徒：官名。掌管国家的土地和人民的教化。②司马：官名。掌军旅之事。③司空：官名。掌管工程。④田畴：田官。⑤乐正：古时乐官之长。⑥倕（chuí）：古代传说中的巧匠名。⑦工师：古官名。上受司空领导，下为百工之长。专掌营建工程和管教百工等事。⑧秩宗：礼官。古代掌宗庙祭祀的官。⑨大理：掌刑法的官。

【译文】尧帝当政之时，舜做司徒掌管教化，契做司马掌管军事，禹做司空掌管工程，后稷做农官掌管耕作，夔做乐官掌管音乐，倕做工师掌管工程和管教百工，伯夷做礼官掌管宗庙祭祀，皋陶做大理掌管刑法，益掌管山泽主管驱逐禽兽。尧不能担任其中的任何一项职务。但是尧做君主，其他九位却做臣子，那是什么缘故呢？尧知道这九种职务的性质和内容，让九个人各负责一项适任的工作，九个人都能胜任而完成任务，尧于是凭借他们的功绩成就了治理天下的大业。所以知人善任是做君主之道，知情办事是做臣子之道。为君之道要知人善用，为臣之道要知事善办，不要乱了旧有的典章制度，天下就太平了。

200.自古人君莫不愿得忠贤而用之也。既得之，莫不访之于众人也。忠于君者，岂能必利于人？苟无利于人，又何能保誉于人哉？故常愿之于心，而常先[①]之于人也。非愿之之不笃而失之也，所以定之之术非也。（卷四十七·刘廙别传）

【注释】①先：当是“失”的误字。

【译文】自古以来，君主没有不希望得到忠诚贤明之士而予以任用的。任用之后，（因怀疑其是否忠诚贤明）又没有不派人去向众人探访调查的。忠诚于君主的人，岂能事事有利于他人呢？假若无利于人，又怎能在所有人面前保有好的声誉呢？所以，君主心中常常希望得到忠贤之人，却常常失去他们。不是君主希望得到忠贤之人心不诚而失去人才，而是判定忠贤之才的方法不对啊。

201.夫孝行着于家门，岂不忠恪[①]于在官乎？仁恕称于九族，岂不达[②]于为政乎？义断[③]行于乡党，岂不堪于事任乎？（卷二十五·魏志上）

【注释】①恪（kè）：恭敬，恭谨。②达：通晓，明白。③义断：秉公断事。

【译文】如果一个人的孝行彰显于家族之中，一旦为官怎么会不忠诚恭敬呢？如果一个人的仁厚宽容在九族之中广受赞扬，一旦为官怎么会不善于施政呢？如果一个人能在乡里秉公断事，一旦为官怎么会不胜任其职务呢？

202.富贵者，观其有礼施[①]；贫穷者，观其有德守[②]；嬖宠[③]者，观其不骄奢；隐约[④]者，观其不慑惧。其少者，观其恭敬好学而能弟；其壮者，观其洁廉务行而胜其私；其老者，观其思慎、彊[⑤]其所不足而不踰[⑥]。父子之间，观其慈孝；兄弟之间，观其和友；君臣之间，观其忠惠；乡党之间，观其信诚。设[7]之以谋，以观其智；示之以难，以观其勇；烦之以事，以观其治；临之以利，以观其不贪；滥之以乐，以观其不荒。喜之以观其轻，怒之以观其重，醉之以观其失，纵之以观其常，远之以观其不贰，昵[8]之以观其不狎。复征[9]其言，以观其精；曲省其行，以观其备。此之谓观诚。（卷八·周书）

【注释】①施：施惠。②德守：道德操守。③嬖（bì）宠：受君主宠爱。④隐约：困厄，俭约。⑤彊（qiǎng）：同“强”。勉力，勤勉。⑥踰：当作“偷”。苟且之意。⑦设：设置，安排。⑧昵：同“暱”。亲近，亲昵。⑨征：证明，证验。

【译文】富贵之人，要看他是否举止有礼而好施惠；贫穷之人，要看他是否有德行操守；备受宠幸之人，要看他是否不骄不奢；处于困厄之人，要看他是否不胆小怕事。年轻人，要看他有无恭敬好学的态度和尊重长上之心；壮年人，要看他是否廉洁务实而且能克制私欲；老年人，要看他的思惟是否谨慎，勤勉努力弥补自己的不足而不苟且度日。父子之间，看他是否慈爱或孝顺；兄弟之间，看他是否和睦与友爱；君臣之间，看他是否忠义或仁爱；乡党之间，看他是否诚实守信。让他施行某种谋划，以此来观察他的智慧；将困难摆到他面前，以此来观察他的勇气；派他处理烦杂的事务，以此审视他的治理能力；让他面对某种利益，以此观察他是否不贪；让他沉浸于享乐的环境中，以此观察他是否不纵欲迷乱。使他欢悦，看他是否轻佻；激他发怒，看他是否稳重；让他喝醉，看他是否会失去恭慎的仪态；任其行事，看他是否还遵从一贯的行为准则；疏远他，看他是否忠诚不贰；亲近他，看他是否轻慢失礼。反覆地验证他前后说过的话，看他是否有真实的学问；详尽地察访他的行为，看他德行是否完备。这些归结起来就称作“观诚”（洞察实情）。

203.盖有非常之功，必待非常之人，故马或奔踶[①]而致千里，士或有负俗之累[②]而立功名。夫泛驾[③]之马，跅弛[④]之士，亦在御之而已。其令州郡察吏民有茂材异等可为将相及使绝国者。（后补卷十三·汉书一）

【注释】①奔踶（dì）：奔驰踢人。不受羁勒之马，乘时即奔跑，立时则踢人。踶：踢。②负俗之累：因不谐于流俗而受到的讥议。负俗：与世俗不相谐。③泛驾：翻车。亦喻不受驾驭。④跅（tuò）弛：放荡不循规矩。

【译文】（汉武帝下诏说：）大凡要建立不同寻常的功业，必须等待不同寻常的人才。所以有的马会狂奔踢人，却可以奔驰千里；有的士人会因与世俗不相谐而被讥论，却能建功立名。那不受驾驭的马，以及放荡不羁的人，关键在如何使用而已。现特责成全国各州县地方官，要留心考察推荐官民中有特殊才干，能做将相和出使外国的人。

204.夫阴阳和，岁乃丰；君臣同心，化乃成也。其刺史太守以下，拜除[①]京师，及道出洛阳者，宜皆召见，可因博问四方，兼以观察其人。诸上书言事，有不合者，可但报归田里，不宜过加喜怒，以明在宽也。（卷二十二·后汉书二）

【注释】①拜除：拜授官职。

【译文】（第五伦上疏说：）阴阳调和，就会有丰收之年；君臣同心同德，教化才能有成效啊！对刺史、太守以下的官员，任命为京官，以及从国都洛阳外派的官吏，陛下都应召见，可藉此了解四方的情况，同时观察本人的品行能力。各位官员上书议事有不合事实的，可让他们回归家乡，不应过分地以自己的喜怒而处罚，以明示施政宽厚。

四、任使

205.以天下之目视，以天下之耳听，以天下之智虑，以天下之力争，故号令能下究，而臣情得上闻，百官脩通[①]，群臣辐凑[②]。喜不以赏赐，怒不以罪诛，法令察而不苛，耳目通（通作聪）而不暗，善否之情，日陈于前而不逆，贤者尽其智，不肖者竭其力，近者安其性，远者怀其德，用人之道也。（卷三十五·文子）

【注释】①脩通：逐级上达，通于君主。脩：同“修”。循，依次。②辐凑：车辐条集中于轴心。

【译文】用天下人的眼睛观察，用天下人的耳朵倾听，用天下人的智慧来思考，用天下人的力量来争取天下人的幸福，所以号令能贯彻到底，民情得以上达，百官逐级上传、通于君主，群臣拥护君主如同车辐条集中于车轮轴心。君主不因为高兴就行赏赐，不因为愤怒就给予责罚，法令昭著却不苛烦，视听明达而不暗昧，好坏情况每天禀报上来而不抗拒、抵触，使贤能者可竭尽其智慧，平凡之人能竭尽其能力，身边的人能安定地生活，远方的人感念君主的恩德，这是因为他掌握了用人之道的结果。

206.子曰："无为而治者，其舜也与[①]？夫何为哉？恭己正南面[②]而已矣。言任官得其人。故无为也。"（卷九·论语）

【注释】①与：语气词，表感叹。②南面：古代人君听政之位居北，其面向南，故后指居人君之位。

【译文】孔子说："能够无为而治的人，那就是舜吧？他做些什么呢？只是对一切人、事心存恭敬，坐镇于天子之位罢了。"（这是说舜能够知人善任，用人而不自用，所以孔子以无为而治来赞美他。）

207.周公戒于王曰："文王罔攸[①]兼[②]于庶言[③]、庶狱[④]、庶慎[⑤]，惟有司[⑥]之牧夫[⑦]。"文王无所兼知于毁誉众言，及众刑狱，众所当慎之事，惟慎择有司牧夫而已。劳于求才，逸于任贤。（卷二·尚书）

【注释】①罔攸：无所。②兼：兼知。③庶言：群言，舆论。④庶狱：诸凡刑狱诉讼之事。⑤庶慎：众所当慎之事，即各种敕戒（警诫，教诫）。⑥有司：官吏。古代设官分职，各有专司，故称。⑦牧夫：古代管理民事的地方官。

【译文】周公劝诫成王说："文王在位时并没有兼管社会舆论、各种狱讼案件及各种教敕警诫之事，均由有关部门的主管官员裁决。"

208.明王之使人[1]有五：一曰以大体[2]期之，二曰要[3]其成功，三曰忠信不疑，四曰至公无私，五曰与天下同忧。以大体期之，则臣自重；要其成功，则臣勤惧；忠信不疑，则臣尽节；至公无私，则臣尽情[4]；与天下同忧，则臣尽死。（卷五十·袁子正书）

【注释】①使人：用人。②大体：重要的义理，有关大局的道理。③要：期望。④尽情：尽心尽力。

【译文】明君用人有五个要点：一是以识大体相期许，二是希望臣子建功立业，三是信任臣子而毫不怀疑，四是君王能大公无私，五是能与天下百姓同忧愁、共患难。以识大体相期许，臣子就会谨言慎行；希望他建功立业，臣子就会勤奋戒惧；对臣子坚信不疑，臣子就会竭尽志节效力；大公无私，臣子就会尽心竭力；与天下百姓同忧愁、共患难，臣子就会以死效忠。

209.夫唯信而后可以使人。昔者齐威王，使章子将而伐魏，人言其反者三，威王不应也。自是之后，为齐将者，无有自疑之心，是以兵强于终始也。（卷五十·袁子正书）

【译文】只有信任人，然后才可以任用人。过去，齐威王任章子为大将讨伐魏国，别人多次说章子会造反，齐威王都没有听信。从此之后，做齐国大将的人就不会有被怀疑的后顾之忧了，所以齐国军队始终很强大。

210.贤主之用人，犹巧匠制木①，大小脩短②，皆得所宜；规矩方圆，各有所施③；殊形异材，莫不可得而用也。天下之物，莫凶于奚毒④，奚毒，附子。然而良医橐⑤而藏之，有所用也。是故竹木草莽⑥之材，犹有不弃者，而又况人乎！（卷四十一·淮南子）

【注释】①制木：裁取木料。②脩短：长短。脩：同“修”。长。③施：用。④奚毒：附子的别名，又名乌头。根茎块状有毒，可作镇痛药。⑤橐（tuó）：用口袋装。⑥莽：丛生的杂草。

【译文】贤德的君主任用人才，就像技艺高超的工匠裁取木料，无论大小长短，都各尽其用；用圆规、矩尺量取方圆，都用得恰到好处；就是形状奇异、质地特殊的木材，也没有不能用的。天下的植物，没有比附子毒性更强的，然而良医却将它用袋子装着收藏起来，因为它有用处。因此，竹木野草之类，尚且不被抛弃，更何况是人呢！

211.夫有不急①之官，则有不急之禄，国之蟊贼②也。明主设官，使人当于事。人当于事，则吏少而民多。民多则归农者众，吏少则所奉③者寡。使吏禄厚则养足④，则无求于民。无求于民，奸轨⑤息矣。（卷五十·袁子正书）

【注释】①不急：不切需要。②蟊（máo）贼：吃禾苗的害虫。比喻败类、祸害。蟊：今作“蟊”。③奉：供养。④养足：供养充足。⑤奸轨（guǐ）：即奸宄。指违法作乱的事或人。轨：通“宄”。作乱或盗窃的坏人。

【译文】有不必要的官职，就会有不必要的俸禄，这是国家的害虫。英明的君主设置官职，使人数和政事相称。人数和政事相称，就会让官吏减少而百姓增多。百姓多，从事农业劳动的就多；官吏少，拿俸禄的人就少。使官吏俸禄多则足以供给家用，这样官吏就不会再向民间索求。不向民间索求，违法作乱的事就停息了。

212.凡官民材，必先论之。论，谓考其德行、道艺也。论辨然后使之，辨，谓考问得其定也。任事然后爵之，爵，谓正其秩次。位定然后禄之。（卷七·礼记）

【译文】凡是从庶民中选用人才为官，须先考定其品德才能。评定了品德才能之后，即可分派他担任一定的职务。能够胜任所分派的职务，才正式给他授予品位。品位确定之后，才给予相应的俸禄。

213.凡使贤不肖①异。使不肖以赏罚，不肖者喜生恶死，则可使也矣。使贤以义。唯义所在，死生一也。故贤主之使其下也，必以义，必审赏罚，然后贤不肖尽为用也。（卷三十九·吕氏春秋）

【注释】①不肖：不贤、不材的人。

【译文】大凡任用贤德之人和不贤之人，方法不同。任用不贤之人依靠奖惩，任用贤德之人依靠道义。所以贤明的君主任用臣下必定合乎道义，必定慎重地进行奖赏和惩罚，然后贤德之人和不贤之人都能为君主所用。

214.古者工①不兼事，士不兼官。工不兼事则事省②，事省则易胜[3]。士不兼官则职寡，职寡则易守。故士位可世[4]，工事可常。古之宰物⑤，皆用其一能，以成其一事。是以用无弃人，使无弃才。若乃任使于过分之中，役物于异便之地，则上下颠倒，事能淆乱矣。（卷三十七·慎子）

【注释】①工：古时对从事各种技艺劳动者的总称。②省：简，少。③胜：能够承受，禁得起。④世：代代相传。⑤宰物：谓从政治民，掌理万物。

【译文】古时候，工匠不兼做其他事情，士人不兼任其他官职。工匠不兼做其他事情，事情就不多，事情不多就容易胜任。士人不兼任其他官职，职责就少，职责少则容易做到尽忠职守。所以士人的职位可以世代相承，工匠的职业可以长久不变。

215.夫事积久，则吏自重；吏安，则民自静。《传[1]》曰："五年再闰[2]，天道乃备。"夫以天地之灵，犹五载以成其化，况人道哉！（卷二十二·后汉书二）

【注释】①传（zhuàn）：解释经义的文字、书籍。此处指解释《周易》的《易传》，又称《十翼》。《易传》共七种十篇，它们是：《彖传》上下篇、《象传》上下篇、《系辞》上下篇、《文言》、《序卦》、《说卦》、《杂卦》。②再闰：农历五年设置两个闰月，谓之再闰。《易·系辞上》："五岁再闰。"

【译文】官吏任事时间久了，自然会自珍自爱；官吏安于其位，那老百姓也就安静无扰。《易传》上说："五年有两个闰月，天道才运行完备。"即使是天道，还要历经五年的时间才完成其变化，何况人间的事情呢？

216.人之爱人，求利之也。今吾子[①]爱人，则以政，以政与之。犹未能操刀而使割也，其伤实多。多自伤。子之爱人，伤之而已，其谁敢求爱于子？子于郑国，栋也，栋折榱[②]崩，侨[③]将厌[④]焉，敢不尽言？子有美锦，不使人学制。制，裁。大官、大邑，身之所庇也，而使学者制焉。其为美锦，不亦多乎？言官邑之重，多于美锦。侨闻学而后入政，未闻以政学者也。若果行此，必有所害。譬如田猎，射御贯则能获禽。贯，习也。若未尝登车射御，则败绩厌覆是惧，何暇思获？（卷五·春秋左氏传中）

【注释】①吾子：对对方的敬爱之称。一般用于男子之间。这里指当时郑国的当国正卿子皮（姬姓，罕氏，名虎，字子皮）。②榱（cuī）：屋椽。③侨：子产自称。姬姓，国氏，名侨，字子产，又字子美，谥成，又被称为公孙侨、公孙成子、东里子产、国子、国侨、郑乔，是春秋末期郑国的政治家、思想家、改革家。子产执政期间，改革内政，慎修外交，极受郑国百姓爱戴，后世对其评价甚高，将他视为中国历史上宰相的典范。④厌（yā）：指被压。

【译文】（郑国当国子皮想让尹何做自己封邑的长官，尹何年纪太轻经验不足，故子产对子皮说：）喜爱一个人，总是希望有利于他。现在您喜爱一个人，就把政事交给他，就像一个人不会用刀就让他去宰割，多半会割伤他自己。您喜爱他，不过是伤害他罢了，这样谁还敢求得您的喜爱？您对于郑国，是栋梁。栋梁折断，椽子会崩塌，我也将会被压在底下，我怎敢不把话都说出来？比如您有漂亮的织锦，是不会给别人学着裁制衣服的。重要的官职、大的封邑，是自身赖以庇护的东西，反而让学习的人去治理，它比起漂亮的织锦不是重要得多吗？我只听说学习好后才能从政，没听说通过做官来学习的。如果最终这样做，必定有害处。好比打猎，射箭驾车熟练了，才能猎获禽兽，如果还不曾登车射过箭驾过车，那么只怕车子毁坏翻覆、人被碾压，哪有心思顾到猎物？

217.智如原泉①，行可以为表仪②者，人师也。智可以砥砺③，行可以为辅檠④者，人友也。据法守职⑤，而不敢为非者，人吏也。当前快意⑥，一呼再诺者，人隶也。故上主以师为佐，中主以友为佐，下主以吏为佐，危亡之主以隶为佐。欲观其亡，必由其下。故同明者相见，同听者相闻，同志者相从，非贤者莫能用贤。故辅佐左右所任使⑦，有存亡之

机，得失之要也，可无慎乎！（卷八·韩诗外传）

【注释】①原泉：源泉，即有源之水。原："源"的古字。②表仪：表率，仪范。③砥砺：磨鍊，锻鍊。④辅檠（qíng）：相互矫正。檠：矫正，多指矫正弓弩。商务本此处校勘记云："檠作弼（bì）"。弼：辅佐，辅助。⑤守职：忠于职守。⑥当前快意：在人面前投合对方的心意。⑦任使：差遣，委用。

【译文】智慧像有源头的泉水一样永不枯竭，行为可以作为众人表率的人，是人之师。智慧可以互相磨鍊提升、行为可以互相矫正的人，是人之友。依据法规做事、恪守职责、不为非作歹的人，是人之吏。在人前投合对方的心意，对方一呼唤，连声应诺，是人之奴。所以有道的明君以人师作为他的辅佐，中等才德的君主以人友作为他的辅佐，下等的君主用人吏作为他的辅佐，使国家危亡的君主用人隶作为他的辅佐。要看一位君主是否会灭亡，一定先观察他的下属。所以眼光同样敏锐的人能相互看见，耳朵同样灵敏的人能相互听到，志趣相投的人能相互跟随，不是贤君就不能任用贤臣。所以君主对于左右辅佐大臣的委用，其中就隐藏着国家存亡的机兆、政治得失的关键，怎么可以不谨慎对待呢？

218.亲民授业，平理百事，猛以威吏，宽以容民者，令长[①]之职也。然则令长者最亲民之吏，百姓之命也。国以民

为本，亲民之吏，不可以不留意也！（卷四十九·傅子）

【注释】①令长：秦汉时治万户以上县者为令，不足万户者为长。晋隋因之。后因以“令长”泛指县令。

【译文】爱护民众授予田业，公平处理各项民事，严肃以使下级官吏有敬畏之心，宽大以使人民得到包容蓄养，这是县官的职责。县官是最接近人民的官吏，关系到人民的性命。国家以人民为根本，对直接亲近人民的官吏不能不关注啊！

五、至公

219.公私之分明，则小人不嫉贤，而不肖者不妒功。故三王以义亲[①]，五伯以法正诸侯，皆非私天下之利也。今乱世之君臣，区区然皆欲擅一国之利，而搜（搜作当）一官之重，以便其私，此国之所以危也。（卷三十六·商君子）

【注释】①故三王以义亲：清末陶鸿庆先生认为，“以义亲”下当有“天下”二字。今从之。

【译文】公私能够分明，那么小人就不会妒忌贤德之人，无能之辈也不会妒忌有功之臣。所以三王以道义来亲和天下，五霸以法度来匡正诸侯，他们都不是把天下的利益据为己有。当今乱世的君臣，都得意地企图独占一国之利或掌管一官之权，来满足自己的私欲，这就是国家危亡的原因。

220.天无私覆也，地无私载也，日月无私烛[①]也，四时无私为也，行其德而万物得遂长焉。遂，成。庖人调和而不敢食，故可以为庖。若使庖人调和而食之，则不可以为庖矣。伯王[②]（本书伯王作王伯，下同）之君亦然。诛暴而不私，以封天下之贤者，故可以为伯王。若使王伯之君诛暴而私之，则亦不可以为王伯矣。诛暴有所私枉，则不可以为王伯。（卷三十九·吕氏春秋）

【注释】①烛：照亮，照见。②伯（bà）王：应作“王伯”，成就王霸之业。伯：通“霸”。作诸侯联盟的首领，称霸。

【译文】天的覆盖没有偏私，地的承载没有偏私，日月照耀四方没有偏私，四季的运行没有偏私。它们各自施行它们的恩德，所以万物才得以生长。厨师烹调食物不敢擅自食用，所以才可以当厨师。如果厨师烹制食物却擅自食用，那就当不了厨师。能够成就王霸之业的君主也是如此，诛灭暴虐的诸侯而不为私利，以其土地分封给天下贤者来治理，所以可以为王为霸。如果诛灭暴虐而私自占有其土地及财富，那也就不可能为王为霸了。

221.治天下者，当用天下之心为心，不得自专快意而已也！上之皇天[①]见谴，下之黎庶[②]恨怨。（卷十九·汉书七）

【注释】①皇天：对天及天神的尊称。②黎庶：黎民，百姓。

【译文】（鲍宣上疏劝谏皇帝：）治理天下的人，应当以天下人之心为心，千万不能孤行己见，恣意妄为啊！如果那样，就会上遭天谴，下为百姓所怨。

222.因[①]井中视星，所视不过数星；自丘上以视，则见其始出，又见其入。非明益也，势使然也。夫私心，井中也；公心[②]，丘上也。故智载于私，则所知少；载于公，则所知多矣。（卷三十六·尸子）

【注释】①因：依托，凭借。②公心：公正之心。

【译文】从井中看星，所看到的不过几颗星；从山丘上看星，那就能看到星星从天边开始升起，又看到它们落下。这不是由于视力增加了，而是所处的地势不同所造成的。遇事而本着私心，就好像处在井中；本着公心，就好像站在山丘之上。因此，智慧存在于具有私心的人身上，他所能知道的就少；存在于具有公心的人身上，他所能知道的就多。

223.唯至公，故近者安焉，远者归焉。枉直取正，而天下信之。唯无忌心，故进者自尽[①]，而退不怀疑，其道泰然，浸润[②]之谮[③]，不敢干也。（卷四十九·傅子）

【注释】①自尽：竭尽自己的智慧和力量。②浸润：逐渐渗透。引申为谗言渐进，积久而使人听信。③谮（zèn）：谗毁，诬陷。

【译文】只有无比公正，所以才能使近处的人安定，远方的人归附。对于是非曲直都以公正的态度面对，就会得到天下人的信任。唯有没有猜忌之心，所以入朝者能竭尽自己的智慧和力量，退朝后不存疑虑，其治国之道安定无忧，想不断进谗言的人也不敢造次。

224.公道行，即邪利无所隐矣。向公即百姓之所道者一，向私即百姓之所道者万。一向公，则明不劳而奸自息；一向私，则繁刑罚而奸不禁。故公之为道，言甚约而用之甚博。（卷五十·袁子正书）

【译文】公正之道得以施行，则偏邪的私利就没有藏身之地了。（所以君主之心）向公，百姓也会方向一致一心向公；（君主之心）挟私，那么百姓追求的私欲就千差万别。一心为公，则明主不必操劳，而触犯法令之事自然止息；一心向私，纵使刑罚繁多，奸邪的事也无法禁绝。所以公正作为治国之道，言语很简约，但作用很大。

225.利人者天下启[①]之，害人者天下闭之。天下非一人之天下也，取天下若逐野兽，得之而天下皆有分肉[2]。若同舟而济[3]，济则皆同其利，舟败皆同其害。然则皆有启之，无有闭之矣。（卷三十一·六韬）

【注释】①启：开，打开。②分肉：根据现存《六韬》版本可知“分肉”下应有“之心”二字。③济：渡河。

【译文】为人民谋福利的人，天下人都会开门欢迎他；残害百姓的人，天下人都会对他闭门不纳。天下并非一个人的天下，取得天下，就像追捕野兽一样，得到了，天下人就会有分享猎物的心。又像同船渡河一样，抵达彼岸，大家就同蒙其益，舟坏了则同受其害。能与天下人同其利害，那么天下之人都会支持他，而没有抗拒他的。

六、爱民

226.子曰："民以君为心，君以民为体。心庄则体舒，心肃则容敬。心好之，身必安[①]之；君好之，民必欲之。心以体全，亦以体伤；君以民存，亦以民亡。"庄，齐庄也。（卷七·礼记）

【注释】①安：对某种环境、事物感到安适或习惯。

【译文】孔子说："人民以君主为心脏，君主以人民为躯体。心境庄重则身体安详，心境肃正则外表恭敬。心所爱好的事物，身体就必然对它们感到安适和习惯；君主所喜好的事物，人民必然也想得到。心因为有身体而得以保全，也会因为身体有缺陷而受伤；君主因有人民而存在，也会因人民背弃而灭亡。"

227.财须民生，强赖民力，威恃民势，福由民殖，德俟[①]民茂[②]，义以民行。六者既备，然后应天受祚[③]，保族宜邦。《书》曰：“众非后[④]无能胥以宁，后非众无以辟四方。”推是言之，则民以君安，君以民济[⑤]，不易之道也。（卷二十七·吴志上）

【注释】①俟：等待。②茂：引申为昌盛，丰硕。③受祚：接受天地神明的降福。④后：上古称君主。⑤济：成功，成就。

【译文】（骆统上疏说：）财富需要百姓来创造，强盛要依靠百姓的力量，威势要依凭百姓的势力，福祉要由百姓来增加，德行有待百姓来兴盛，仁义要凭借百姓来实行。这六方面的条件具备了，然后就能顺应天意，接受天地神明的福佑，保全宗族、造福国家。《尚书》上说：“民众没有君主，就不能都得到安宁；君主没有民众，就不能开辟四方。”由此推论，百姓凭借君主而得以安定，君主依靠百姓而成就大业，这是永恒不变的真理。

228.哀公问于有若曰：“年饥[①]，用不足，如之何？”对曰：“盍彻[②]乎？”盍，何不也。周法什一而税，谓之彻也。曰：“二[③]，吾犹不足，如之何其彻也？”二，谓什二而税。对曰：“百姓足，君孰与不足？百姓不足，君孰与足？”（卷九·论语）

【注释】①年饥：一年中谷物收成不好。②彻：周朝的税法，规定农民缴十分之一的税，称为“彻”。③二：指抽取十分之二的税。

【译文】鲁哀公问有若说：“年成不好，费用不足，应该怎么办？”有若回答说：“为什么不实行原来的十分之一的税制呢？”哀公说：“征十分之二的税，我尚感不足，怎么能恢复十分之一的税制呢？”有若说：“只要百姓的用度足，君王怎么会不足？如果百姓用度不足，君王又怎能求自足？”

229.夫至人精诚[①]内形，德流四方。见天下有利，喜而不忘[②]；见天下有害，忧若有丧。夫忧民之忧者，民亦忧其忧；乐人之乐者，人亦乐其乐。故乐以天下，忧以天下，然而不王者，未之有也。（卷三十五·文子）

【注释】①精诚：真心诚意，至诚。②忘：玩忽，怠忽。

【译文】至德之人内心永保至诚，而恩德流布天下。他们看到天下人得到利益，虽高兴却不会懈怠（懂得居安思危）；见到天下人受到损害，就会忧心忡忡，好像有丧事一样。以百姓之忧为己忧的人，百姓也以他的忧为己忧；以百姓之乐为己乐的人，百姓也以他的乐为己乐。所以，以天下之乐为乐、以天下之忧为忧，做到这样而不能成就治国大业，是从来没有过的事。

230.父母之所畜[①]子者，非贤强[②]也，非聪明也，非俊智[③]也，爱之忧之，欲其贤已也，人利之与我利之，无择[④]也，此父母所以畜子也。然则爱天下，欲其贤已也，人利之与我利之，无择也，则天下之畜[⑤]亦然矣。此尧之所以畜天下也。（卷三十六·尸子）

【注释】①畜（xù）：养育。②贤强：有德行有勇力。③俊智：智慧过人。④无择：没有区别。⑤畜（xù）：治理。

【译文】父母所养育的儿女，不一定有德行有勇力，不一定聪明，也不一定智慧过人，但父母都一样疼爱，为儿女忧心，只是希望孩子将来能超过自己，不管是别人有益于孩子，还是自己有益于孩子，都是一样，这就是为人父母养育孩子的用心。那么，（君王）爱护天下人民，也是希望人民都能超过自己，至于是别人有益于他们，还是自己有益于他们，并不去区别，那治理天下也和父母养育子女是一样的。尧帝就是这样来治理天下的。

231.诚爱天下者得贤。奚[①]以知其然也？弱子有疾，慈母之见秦医[②]也，不争[③]礼貌；在囹圄，其走大吏也，不爱资财。视天下若子，是故其见医者，不争礼貌；其奉养也，不爱资财。故文王之见太公望也，一日五反；桓公之奉管仲也，列城有数。此所以其僻小，身至秽污[④]，而为正于天下

也。(卷三十六·尸子)

【注释】①奚：何。②秦医：原指扁鹊，后泛指良医。③争：力求得到。④秽污：此处指桓公德行污秽。《说苑·尊贤》记载桓公杀兄而立等事。

【译文】真心爱护天下的人会得到贤才。何以知道是这样呢？孩子生病了，慈母求见良医，顾不得自己的尊严礼节；爱子陷入监狱，父母奔走求救于大官之间，也不会吝惜钱财。一个人把天下人看做自己的孩子，那么寻找治理天下的良医时，就不会计较礼貌，奉养他们也不会吝惜钱财。所以周文王拜见姜太公时，一天五次往返；齐桓公奉养管仲，将几座城池都分封给了他。这就是为什么文王的国家虽然偏僻弱小，桓公的行为虽然污秽不洁，却能够为政于天下的原因所在。

232.子路问政。子曰："先之，劳之。"孔子弟子仲由也。先导之以德，使人信之，然后劳之。《易》曰：悦以使民，民忘其劳。请益。曰："毋倦。"子路嫌其少，故请益。曰：无倦者，行此上事无倦则可矣。(卷九·论语)

【译文】子路问为政之道。孔子说："自己用德行带头去引导，以身作则，然后教导人民要勤劳。"子路请孔子再说详细些。

孔子说:“按照上面所说去行,不要懈怠。”

233.弗作无益害有益,功乃成;弗贵[1]异物[2]贱[3]用物[4],民乃足。游观⑤为无益,奇巧为异物。言明王之道,以德义为益,器用为贵,所以化俗生民⑥。(卷二·尚书)

【注释】①贵:重视。②异物:奇特罕见之物。③贱:轻视。④用物:日常应用的用品。⑤游观:游逛观览。⑥生民:使民生,养民。

【译文】不要做无益的事去耽误、妨害了有益的事,这样才能成就治国大业;不看重奇异之物、不轻视实用之物,百姓才能富足。(贤明君主治国之道,以道德仁义为有益,以实用为贵,一切都是为了教化和养育人民。)

234.《诗》曰:“凯[1]悌[2]君子,民之父母。”今人有过,教未施,而刑已加焉,或欲改行为善,而道无由至,朕甚怜之。夫刑,至断支体、刻肌肤,终身不息[2],何其刑之痛而不德也!岂称为民父母之意哉?(卷十四·汉书二)

【注释】①凯:和乐,欢乐。②悌:温和平易。③息:滋息,生长。

【译文】(汉文帝下诏:)《诗经》上说:“和乐平易的君子啊,

是人民的父母。”如今人们有了过失，还没有施以教化，而刑罚已经加到了他们身上，有的人想改过行善，却没有这样的机会了，朕非常怜悯他们。刑罚能达到截断肢体、刺刻肌肤，一生都不能再生长复原，这样的刑罚是多么令人苦痛而又不合道德！难道这符合为民父母的本意吗？

235.《诗》云：“乐只①君子，民之父母。”民之所好好之，民之所恶恶之，此之谓民之父母。言治民之道无他，取于己而已。好人之所恶，恶人之所好，是谓拂人之性，灾必逮②夫身。拂，犹佹③。逮，及也。（卷七·礼记）

【注释】①只：语气助词。②逮（dài）：及、及至。③佹（guǐ）：牴触、违逆。

【译文】《诗经》上说：“和乐的君主呀！就像我们老百姓的父母。”老百姓喜欢的事情君主也喜欢，老百姓厌恶的事情君主也厌恶，这就可以算作是老百姓的父母了。喜欢做众人都厌恶的事，而厌恶众人都喜欢的事，这就叫违逆人性，灾祸一定会降临到他的身上。

七、纲纪

236.太上[①]使民知道，其次使民知心，其下使民不得为非。使民知道者，德也；使民知心者，义也；使民不得为非者，威禁[②]也。威禁者，赏必行、刑必断之谓也。此三道者，治天下之具也。欲王而王，欲霸而霸，欲强而强，在人主所志也。（卷五十·袁子正书）

【注释】①太上：最上，最高。②威禁：法令，禁令。

【译文】最高的境界是让人民通晓天地及人世的大道；其次是让人民懂得仁爱之心；最下的是让人民不做坏事。让人民通晓天地人世的大道，靠的是领导者的德行；让人民懂得仁爱之心，靠的是领导者的道义；让人民不做坏事，靠的是领导者施行法令。所谓法令，就是有功必赏，有罪必罚。这三个原则，是治理天下的手段。(奉持这三者)想成就王业就能成就王业,想成就霸业就能成就霸业,想国家强盛就能强盛,这就要看君主的志向了。

237.子曰:"导千乘之国[①],导谓为之政教也。敬事而信,为国者举事必敬慎,与民必诚信也。节用而爱人,节用,不奢侈也。国以民为本,故爱养之。使民以时。"不妨夺农务也。(卷九·论语)

【注释】①千乘(shèng)之国:能出动千辆兵车的诸侯国。乘:车子。春秋时多指兵车,包括一车四马。

【译文】孔子说:"治理一个拥有千辆兵车的诸侯国,国事须用真心恭敬谨慎处理,对人民要诚信;节省费用,爱护百姓;使用民力,要选择农事闲暇之时。(不妨碍农事生产活动。)"

238.定公[①]问:"君使臣,臣事君,如之何?"定公,鲁君谥。孔子对曰:"君使臣以礼,臣事君以忠。"(卷九·论语)

【注释】①定公:姬姓,名宋,为春秋时期鲁国君主之一,昭公之弟,哀公之父。孔安国先生注:"定公,鲁君谥。时臣失礼,定公患之,故问之。"

【译文】鲁定公问:"君王指挥臣子,臣子奉事君王,应当如何呢？”孔子回答说：“君王指挥臣子要依国家的礼法规矩，臣子事奉君王要尽忠职守。”

239.治国有四：一曰尚①德，二曰考②能，三曰赏功，四曰罚罪。四者明则国治矣。夫论士不以其德，而以其旧③，考能不以其才，而以其久，而求④下之贵上，不可得也。赏可以势求，罚可以力避，而求下之无奸，不可得也。（卷五十·袁子正书）

【注释】①尚：重视。②考：考核。③旧：故交，老交情。④求：责求。

【译文】治国有四个要点：一是崇尚道德，二是考校人才，三是赏赐有功，四是惩罚犯罪。四者严明了，国家就太平了。如果选拔官员不是着眼于他的德行而是看彼此的交情，考量人才不是以他的才能而是以他在位时间的长短，而要求下级尊重上级，那是办不到的；奖赏可以依靠权势取得，刑罚可以靠权势逃避，却希望臣下没有奸邪的行为，那是办不到的。

240.先王为礼，以达人之性理，刑以承礼之所不足。故以仁义为不足以治者，不知人性者也，是故失教，失教者无本也。以刑法为不可用者，是不知情伪者也，是故失威，失威者不禁也。故有刑法而无仁义，久则民忽，民忽则怒也；有仁义而无刑法，则民慢，民慢则奸起也。故曰：本之以仁，成之以法，使两通而无偏重，则治之至也。夫仁义虽弱而持久，刑杀虽强而速亡，自然之治也。（卷五十·袁子正书）

【译文】古代先王制定礼法来实现人们本性的仁义，调整刑罚来弥补礼制的不足。所以认为仁义不足以治国，是不懂得人性本善，于是就缺乏教化，缺乏教化的治理就失去了根本。认为刑罚不可以治国的，是不了解人习性的伪诈，于是就失去威慑，失去威慑就不能禁止恶行。所以有刑法而没有仁义，时间久了百姓就会疏忽道义，百姓疏忽道义就会发生叛乱；有仁义而没有刑法，百姓就会怠慢，百姓怠慢，就会作奸犯科。所以说，以仁义为根本，以法律为佐助，使两者结合而不偏重，这是治理国家的最高境界。仁义教化虽不显著，但是效果持久；刑罚效果显著，（过分依赖）却会加速国家的灭亡。这是治理国家的自然之道啊。

241.古者笃教①以导民，明辟②以正刑。刑之于治，犹策③之于御也。良工④不能无策而御，有策而勿用也。圣人假法以成教，教成而刑不施。（卷四十二·盐铁论）

【注释】①笃教：竭诚于教化。②明辟：严明法律。辟：法，法度。③策：驱赶骡马役畜的鞭棒。④良工：古代泛称技艺高超的人。

【译文】古时候，圣人竭诚用孝悌仁义的教化来引导百姓，把法令宣讲清楚以依法执行刑律。用刑律来治理国家，就像用马鞭驾车一样。技艺再高的驾车者也不能没有马鞭驾车，而是拿着马鞭但不轻易使用罢了。圣人藉助于法令来做好教化工作，教化成功了，也就不用实行刑罚了。

242.臣闻咎繇[①]戒帝舜曰："亡敖[②]佚欲[③]有国[④]，兢兢业业，一日二日万机[⑤]。"……箕子[⑥]戒武王曰："臣无有作威作福，亡有玉食；臣之有作威作福玉食，害于而[⑦]家，凶于而国，人用侧颇辟[⑧]，民用僭慝[⑨]。"（后补卷二十·汉书八）

【注释】①咎繇：亦作"咎陶"，即皋陶，舜之贤臣。咎：通"皋"。以下咎繇劝诫之言引自《尚书·皋陶谟》。②亡敖：不要让，不要使。亡：通"毋"、"无"。表禁止。敖：当为"教"。《尚书》通行本原文为："无教逸欲有邦，兢兢业业，一日二日万几。"③佚欲：谓贪图安乐，嗜欲无节。佚：同"逸"。④有国：指成为有封地的诸侯。⑤万机：同"万几"，谓当戒惧万事之微，后指帝王日常处理的纷繁的政务。机：同"几"，微。⑥箕子：商纣之叔父，封于箕。因纣王不听其谏，乃披发佯狂为奴，为纣王所囚，后归于周。以下箕子劝诫之言引自《尚书·洪范》。⑦而：你，你的。⑧侧颇辟：谓邪枉不正。侧：倾斜。颇僻：偏邪不正。当代吴玙先生则认为："此三字同义，古书未有此例，当衍一字。乃系旁注而阑入正文者。当曰：'人用颇侧'。"可备一说。⑨僭慝（tè）：谓越礼踰制，怀有贰心。慝：通"忒"。疑贰，指因疑虑而生贰心。

【译文】（王嘉进上密封的奏疏说：）臣听说咎繇告诫舜帝说："不要使纵乐贪欲的人成为诸侯（即不让他们得势），必须要天天戒慎恐惧，来处理成千上万的国事。"……箕子告诫武王说："一般的官吏是没有独揽赏罚大权、没有享受美食的；如果一般官吏也能行使赏罚之权、享受美食，那将有害于您的家族，有害于您的国，（权归于臣，则官员和百姓就逢迎趋附），国人会因此偏邪不正，百姓都会踰越礼法，怀有贰心了。

243.以八柄[①]诏[②]王驭[③]群臣：一曰爵，以驭其贵；二曰禄，以驭其富；三曰予，以驭其幸[④]；四曰置，以驭其行；五曰生[⑤]，以驭其福；六曰夺[⑥]，以驭其贫；七曰废，以驭其罪；八曰诛[⑦]，以驭其过。柄，所秉执以起事者也。诏，告也，助也。爵，谓公侯伯子男卿大夫士也。禄，所以富臣下也。幸，谓言行偶合于善，则有以赐与之劝后也。生，犹养也，贤臣之老者，王有以养之也。夺，谓臣有大罪，没入家财者也。诛，责让也。（卷八·周礼）

【注释】①柄：权柄，权威。②诏：告。这里指帮助。③驭：统治，治理。这八项都是驱群臣向善的方法，所以用“驭”字。④幸：褒赏。⑤生：养。⑥夺：没收家财。⑦诛：指责，责备。

【译文】（太宰）以八种权柄辅佐君主统御群臣使大家向善：一是封给爵位，使臣下尊贵；二是给予俸禄，使臣下富有；三是给予赏赐，使臣下感受到君主的关爱器重；四是委任官职，以使臣下提升品行；五是供养厚待立下大功勋之功臣，使其得福；六是没收财产，使犯罪的臣下贫穷；七是罢黜官职，流放边疆，以惩戒臣下罪行；八是问责，以追究臣下失职之过失。

244.明君如身，臣如手；君若号[①]，臣如响。君设[②]其本，臣操其末；君治其要，臣行其详；君操其柄，臣事其常。为人臣者，操契[③]以责[④]其名。名者，天地之纲，圣人之符[⑤]。张天地之纲，用圣人之符，则万物之情[⑥]，无所逃[⑦]之矣。（卷三十六·申子）

【注释】①号：高叫。②设：谋划。③契：符节、凭证、字据等信物。古代契分为左右两半，双方各执其一，用时将两半合对以作征信。④责：要求，期望。⑤符：古代凭证，符券、符节、符传等信物的总称。⑥情：实情，情况。⑦逃：指藏，隐匿。

【译文】英明的君主好比是身体，臣下就如同手臂；君主好比喊声，臣下就如同回声。君主谋划根本大计，臣下操办具体细节；君主治理关键问题，臣下实施详细措施；君主掌握国家权柄，臣下从事日常事务。作为臣子，手握符契（任职凭证），就要以此要求自己名实相符。名，是天地的纲纪，是圣人（做事）的符节。伸张天地的纲纪，使用圣人的符节，那么万事万物的情况，就无所隐瞒了。

245.富者奢侈羡溢①，贫者穷急②愁苦，而上不救，则民不乐生。民不乐生，尚不避死，安能避罪③？此刑罚之所以繁，而奸邪不可胜者也。故受禄之家，食禄而已，不与民争业，然后利可均布，而民可家足也。此上天之理，而太古之道。天子之所宜法以为制，大夫之所当循以为行也。（卷十七·汉书五）

【注释】①羡溢：富裕，丰足。②穷急：穷困急迫。③避罪：避免获罪，惧怕获罪。

【译文】（董仲舒回答策问说：）富有的人生活奢侈，丰裕过度，贫穷的人穷困急迫、愁苦不堪，而在上位者不去治理救助，那么人民就会感觉到活着没有乐趣。人民如果不乐意活着，那就连死都不会躲避，又怎能惧怕犯罪呢？这就是刑罚繁多但奸邪仍然制止不了的缘故。所以享受俸禄的人家，以俸禄为生就行了，不应当再与人民争夺产业，然后利益就可以普遍分布，而百姓也可满足家用了。这是上天的公理，也是远古的治国之道，天子应该效法作为制度，大夫也应当遵循作为自己的行为准则。

246.凡法令更，则利害易；利害易，则民务变；民务变，谓之变业。故以理观之，事大众而数[①]摇之，则少成功；藏大器[②]而数徙之，则多败伤；烹小鲜[③]而数桡[④]之，则贼其宰[⑤]；治大国而数变法，则民苦之。是以有道之君贵虚静，而重变法。故曰："治大国者，若烹小鲜。"（卷四十·韩子）

【注释】①数（shuò）：屡次。②大器：宝器。③小鲜：小鱼。④桡（náo）：扰动，搅乱。⑤宰：古代掌管膳食的小吏，厨师。

【译文】凡是法令变更，利害情况就跟着改变；利害情况改变了，民众就会改变其所从事的工作；从事的工作改变，就称为改行。所以从这个道理来看，让大众做事业如果频繁地变动，他们就少有成功；收藏珍贵器物假如经常迁移，就会多有毁坏；烹煮小鱼如若经常搅动，就会有损厨师的烹饪之功；治理大国要是政策经常朝令夕改，那么百姓就会深受其苦。因此懂得治国之道的君主最重清虚恬静，而对于变更法令很慎重。所以说："治理大国，就像烹饪小鱼一样。"（不能够反覆翻搅）。

247.上人[①]疑，则百姓惑；下难知[②]，则君长劳。难知，有奸心也。故君民者，章[3]好以示民俗，慎恶以御[4]民之淫[5]，则民不惑矣。淫，贪侈也。《孝经》曰："示之以好恶，而民知禁也。"

（卷七·礼记）

【注释】①上人：居于上位的人，指君主。②难知：指心怀欺诈，难知其心。③章：通"彰"，彰明。④御：治理，控制。⑤淫：贪逸奢侈。

【译文】居上位的人好恶不明，就会使人民疑惑而无所适从；居下位的人心怀欺诈，难知其心，就会使上位者格外操劳。因此治理人民的领导者，应该表彰优良的道德规范，以引导社会的风俗人情；慎重惩处罪过，以防止人民流于贪奢放逸的风气，这样人民就不会陷于迷惑了。

八、礼乐

248.先王制礼也以节事[①]，动反本②也。脩乐以导志。劝之善也。故观其礼乐，而治乱可知。乱国礼慢而乐淫也。（卷七·礼记）

【注释】①节事：谓行事有节制，使合乎准则。②反本：复归本源或根本。本：孔颖达先生说，得民心之事为礼之本。

【译文】古圣先王制定礼仪制度是为了行事有所节制（一切政治举措不离为民造福这一根本），制定音乐来勉励自己向善的志向（使行善不倦）。因此观察礼乐的情况，便可了解这个国家的治乱（乱国礼节轻忽怠慢，音乐放纵而无节制）。

249.子张问圣人之所以教，孔子曰："师[①]乎，吾语汝。圣人明于礼乐，举而措[2]之而已。”子张又问，孔子曰：“师，尔以为必布几筵[3]，揖让升降[4]，酌献[5]酬酢[6]，然后谓之礼乎？尔以为必行缀兆[7]，执羽籥[8]，作钟鼓，然后谓之乐[9]乎？言而可履，礼也；行而可乐，乐也。圣人力此二者，以恭己[10]南面[11]，是故天下太平，万国顺服，百官承事，上下有礼也。”（卷十·孔子家语）

【注释】①师：即子张。姓颛孙，名师。事又见《礼记·仲尼燕居》。②措：施行。③几筵（jī yán）：犹几席，为古人凭依、坐卧的器具。几：古人坐时凭依或搁置物件的小桌。筵：以竹篾、枝条和蒲苇等编织成的席子。古代用来铺地做坐垫。④揖让升降：均指接待宾客之礼。揖让：作揖谦让，古代宾主相见的礼仪。升降：上升与下降。迎送宾客的礼仪。⑤酌（zhuó）献：酌酒献客。酌：斟酒。⑥酬酢（chóu zuò）：主客相互敬酒，主敬客称酬，客还敬称酢。指朝聘应享的礼仪。⑦缀兆：古代乐舞中舞者的行列位置。⑧羽籥（yuè）：古代祭祀或宴飨时，文舞舞者所持的舞具和乐器。羽：指雉羽。籥：一种编组多管乐器。⑨乐：使其欢乐。⑩恭己：恭谨以律己。⑪南面：古代以坐北朝南为尊位，故帝王诸侯见群臣，或卿大夫见僚属，皆面向南而坐，因用以指居帝王或诸侯、卿大夫之位。

【译文】子张向孔子请教君王如何实施教化治理政事，孔子说：“子张啊，我来告诉你。圣王通晓‘礼’和‘乐’，把它们交互施用罢了。”子张进一步请教，孔子说：“子张，你认为一定要大摆宴席，宾主拱手相让上座下座，相互斟酒敬献，这样才叫做‘礼’吗？你认为一定要舞者排列好行列和位置，手拿雉羽和乐器，击鸣钟鼓，这样才叫做‘乐’吗？说出的话可以践行，就是‘礼’；施行起来能够使大家欢乐，就是‘乐’。圣王能勉力做到这两点，以恭敬律己的态度居于帝位，因此天下得以太平，各国顺服，百官尽职尽责，上上下下都有礼节。”

250.简子[①]曰：“敢[②]问，何谓礼？”对曰：“吉[③]也闻诸先大夫子产，曰：‘夫礼，天之经，经者，道之常也。地之义，义者，利之宜也。民之行。行者，人所履行。天地之经，而民实[④]则[⑤]之。则天之明，日月星辰，天之明也。因地之性，高下刚柔，地之性也。生其六气[⑥]，阴阳风雨晦明。用其五行。金木水火土也。气为五味，酸咸辛苦甘。发为五色，青黄赤白黑发见也。章为五声，宫商角征羽。淫[⑦]则昏乱，民失其性。滋味声色，过则伤性也。是故为礼以奉[⑧]之。’”制礼以奉其性。（卷六·春秋左氏传下）

【注释】①简子：赵简子，即赵鞅。嬴姓，赵氏，原名鞅，后名志父，谥号简。春秋后期晋国卿大夫，六卿之一，晋定公时执政晋国十七年之久。②敢：谦词。犹冒昧。③吉：春秋时郑国正卿游吉，姬姓，游氏，名吉，字子太叔。④实：通“寔”（shí）。清代惠栋先生说：

"案古文《孝经》'实'作'是','是'即古'寔'字,见《尚书·秦誓》及《诅楚文》。郑氏《诗笺》云'赵魏之东寔、实同声',故此传文又作'寔'。"⑤则:效法,作为准则。⑥六气:自然气候变化的六种现象,指阴、阳、风、雨、晦、明。⑦淫:过度、无节制。⑧奉:犹保全。

【译文】赵简子说:"敢问什么叫礼?"子太叔回答说:"我曾听先大夫子产说:'礼,是上天的常道、大地的法则、人们行事的依据。天地的常道,人们以此为准则来制礼、守礼。(圣王)效法日月星辰常明之义,依循大地高低刚柔、恒常的性质(而制礼),衍生了上天的六气,运用大地的五行。五行之气入人之口为五种味道,显露于眼为五种颜色,显示在耳为五种声调。滋味声色过度则会使人迷惑混乱,人们就会因此而迷失本性。所以要制定礼来帮助人们守持本性。'"

251.周监①二代,礼文②尤具,事为之制,曲③为之防,故称礼经三百,威仪三千④。于是教化浃洽⑤,民用和睦,灾害不生,祸乱不作,囹圄空虚,四十余年。(卷十四·汉书二)

【注释】①监:通"鉴"。借鉴,参考。②礼文:指礼乐制度及其具体规定。③曲:细事,小事。④礼经三百,威仪三千:指各种行礼的仪式有三百条,礼仪的细节有三千条。《礼记·中庸》及《大戴礼·卫将军文子》均作"礼仪三百"。⑤浃洽(jiā qià):普遍沾润。

【译文】周朝借鉴夏、商两代,礼制仪文尤其完备,大事上定有制度，小事也都有防范，所以说礼节仪式有三百条，礼仪细节有三千条。于是教化遍及百姓，人民之间和睦相处，灾害不发生，祸乱也不出现，全国的监狱连续四十多年没有收押过一个犯人。

252.傅子曰："能以礼教兴天下者，其知大本之所立乎！"夫大本者与天地并存，与人道俱设，虽蔽[①]天地，不可以质文损益变也。大本有三：一曰君臣，以立邦国；二曰父子，以定家室；三曰夫妇，以别内外。三本者立，则天下正；三本不立，则天下不可得而正；天下不可得而正，则有国有家者亟亡，而立人[②]之道废矣。（卷四十九·傅子）

【注释】①蔽：蒙蔽，壅蔽。②立人：立身，做人。

【译文】傅子说："能够用礼义教化而兴旺国家的，是知道治理国家的大根大本啊！"大根大本，是与天地同在的，是与人伦相互依存的。即使天地被蒙蔽了，大根大本的形式有所增减，但实质从未改变。根本有三：一是君仁臣忠，这是安邦定国之本；二是父慈子孝，这是安家立业之本；三是夫义妇德，这是区分内外之本。这三种根本关系的道义确立了，则天下归于正道；反之，天下就不能归于正道。天下不能归于正道，有国的诸侯、有家的卿大夫会很快衰亡，立身做人的准则也会废弃。

253.先王之制法也，因民之所好，而为之节文[①]者也。因其好色，而制婚姻之礼，故男女有班[②]；因其好音，而正雅颂[③]之声，故风俗不流[④]；因其宁室家乐妻子，教之以孝（孝作顺），故父子有亲；因其喜朋友，而教之以悌，故长幼有序。然后脩朝聘，以明贵贱；乡饮习射[⑤]，以明长幼；时搜[⑥]振旅[⑦]，以习用兵；搜，简车马也。入学庠序[⑧]，以脩人伦。此皆人所有于性，而圣人所匠成[⑨]也。（卷四十一·淮南子）

【注释】①节文：谓制定礼仪，使行之有度。②班：区别。③雅颂：《诗经》内容和乐曲分类的名称。雅乐为朝廷的乐曲，颂为宗庙祭祀的乐曲。④流：向坏的方面转变。⑤习射：乡射礼中演习射箭。⑥搜（sōu）：检阅车马，阅兵。⑦振旅：整顿部队，操练士兵。⑧庠（xiáng）序：古代的地方学校，即乡学，后亦泛称学校。庠：古代的学校，特指乡学。《孟子·滕文公上》："夏曰校，殷曰序，周曰庠，学则三代共之，皆所以明人伦也。"⑨匠成：培养造就。

【译文】先王制定法令、礼仪，都是依据人们的喜好来制定典章制度，使行之有度。根据人们有情欲的习性而制定婚姻礼法，所以男女界限分明；根据人们喜爱音乐而创作纯正的雅乐、颂乐，所以风俗不会变坏；根据人们珍惜家庭安宁、妻儿快乐，而用孝顺和睦之道教化人民，所以父子间有了亲情；根据人们喜欢交友，而用敬顺尊长的礼仪教导人民，所以长幼之间有次序。做到这些之后，再制定朝拜天子、出使诸侯国的礼节，以显明地位尊卑的区分；制定乡饮酒礼和习射礼，来显明长幼之间的次序；适时检阅车马、整顿军队，以训练军事；让人们进入地方学校学习，以明了及实践伦理道德。这些都是（根据）人本有的特性，而经由圣人的培养造就让人得以完善人格。

254.子曰："礼者何也？即事之治也。治国而无礼，譬犹瞽[①]之无相[②]与，伥伥[③]乎其何之？譬如终夜有求幽室[④]之中，非烛何以见之？若无礼，则手足无所措，耳目无所加，进退揖让[⑤]无所制。是故以之居处，长幼失其别，闺门[⑥]三族[⑦]失其和，朝廷官爵失其序，军旅武功失其制，宫室失其度量，丧纪失其哀，政事失其施，凡众之动失其宜。"（卷七·礼记）

【注释】①瞽：盲人。②相（xiàng）：扶助者，导引盲者的人。③伥伥（chāng）：茫茫然无定向而行。④幽室：暗室。⑤揖让：作揖谦让，古代宾主相见的礼仪。⑥闺门：宫苑、内室的门。借指宫廷、家庭。⑦三族：有几种说法，此处采郑玄先生所说，指父、子、孙。

【译文】孔子说："礼是什么呢？礼就是做事的准则和规矩。如果治理国家而没有礼，就好像盲人没有扶助者，茫茫然会走向何处？又好比整夜在暗室里摸索，没有灯烛怎么能找见东西呢？

若是没有礼，那么手、脚都不知道该怎么放，耳、目也不知道该听什么看什么，前进后退、行礼谦让，处处不知道该以什么准则去做。所以说，若在没有礼可遵循的状况下，日常生活中，长辈和晚辈就失去尊卑区别了；在家族中父、子、孙三代就会失去和睦；在朝廷里，官职和爵位的秩序就会紊乱；军队行军打仗就会失去纪律和法则；宫室建筑就会不合法度规模；丧事中悲哀轻重就会失去标准；政事便会因混乱无序而得不到实施，所有的行为举措都会失去其应有的分寸。”

255.先王之立礼也，有本有文。忠信，礼之本[①]；义理[②]，礼之文。无本不立，无文不行。言必外内具也。（卷七·礼记）

【注释】①忠信，礼之本：孔颖达先生说：“忠者，内尽于心也；信者，外不欺于物也。内尽于心，故与物无怨；外不欺物，故与物相谐也。”②义理：孔颖达先生解为合宜得理。

【译文】古圣先王创立的礼，既有根本精神，又有外在文饰（制定形式的原则）。忠信，就是礼的根本精神；合宜得理，是礼的外在文饰。没有忠信这一根本精神，礼就无法成立；没有合宜得理的形式，礼就无法在现实中推行。

256.相[1]鼠有皮，人而无仪。相，视也。仪，威仪也。视鼠有皮，虽居高显之处，偷食苟得②，不知廉耻，亦与人无威仪者同也。人而无仪，不死胡为[3]。人以有威仪为贵，今反无之，伤化败俗，不如其死无所害也。相鼠有体[4]，人而无礼。体，支体也。人而无礼，胡不遄[5]死。（卷三·毛诗）

【注释】①相（xiàng）：看，观察。②苟得：不当得而得。③胡为：何为，为什么。④体：肢体。⑤遄（chuán）：迅速。

【译文】看那老鼠身上只有一张皮，有人虽然是人却不知廉耻不讲礼节。（老鼠有皮盖着全身，但即使处在高耸突出的地方，偷取食物、获得不当得到的东西，不知廉耻，也与不讲礼节的人一样，虽处高贵显赫之位，行为却昏暗，空有一副人的皮囊。）如果做人不讲礼节，不死又为什么呢？看那老鼠空有肢体，有人却不讲礼义。人没有礼义如同行尸走肉，为何还不赶快去死？

257.有子曰："礼之用，和为贵。先王之道斯为美，小大由之。有所不行，知和而和，不以礼节之，亦不可行也。"人知礼贵和而每事从和，不以礼为节，亦不可行也。（卷九·论语）

【译文】有子说："礼的运用，就是以和为贵。古圣先王的为政之道就是制礼用和，以用和为最美，无论小事大事都注重温和融洽。但也有行不通的，就是若知道‘和’的可贵而一味求和，不用礼来节制，那也是不可行的。”

258.情发[①]于声[②]，声成文[③]，谓之音。发，犹见也。声，谓宫商角征羽。声成文者，宫商上下相应也。治世之音，安以乐[④]，其政和；乱世之音，怨以怒，其政乖[⑤]；亡国之音，哀以思，其民困[⑥]。故正得失，动天地，感鬼神，莫近于诗。先王以是经[⑦]夫妇，成孝敬，厚人伦，美教化，移风易俗。（卷三·毛诗）

【注释】①发：显现，显露。②声：指古代五声音律，宫商角征羽。③成文：形成乐章、文采、文辞、礼仪等的总称，这里指组成一定的旋律。④安以乐：安详而欢乐。以：而且。⑤乖：违背，不合。⑥困：困厄危难。⑦经：调理。

【译文】情志透过宫商之声流露出来，五声音律声声相应而成韵律便叫做“音”。太平盛世的音乐安详而欢乐，反映当时政治平和；乱世的音乐怨恨而愤怒，反映当时政治乖戾僻违；灭亡或濒于灭亡的国家的音乐哀伤而忧愁，反映当时的百姓流离困苦。所以要矫正政治得失、震动天地、感动鬼神，没有什么比诗歌更近于能实现这个目标。前代君王就是以诗来调理夫妇的关系，培养孝敬的行为，敦厚人伦常道，使教化美善，以及改变风气和习俗。

九、民生

259.农，天下之大本也，民所恃以生也，而民或不务本而事末[①]，故生不遂。（后补卷十三·汉书一）

【注释】①末：非根本的，次要的事，此处指工商业。与为“本”的农业相对。

【译文】（汉文帝下诏说：）农业是天下的根本产业，是百姓赖以生存的基础，如果大部分的民众抛弃最根本的农业生产去从事工商业，粮食就会匮乏，国民生活就不能得到保障。

260.国以民为根，民以谷为命；命尽则根拔，根拔则本颠[①]。（卷四十五·崔寔政论）

【注释】①颠：倾覆，灭亡。

【译文】国家以百姓为根本，百姓以粮食为性命；粮食不足则百姓就不能生活，百姓生存不下去则国家就会被颠覆。

261.民财暴贱，而非常暴贵；非常暴贵，则本竭而末盈；末盈本竭，而国富民安，未之有矣。(卷四十九·傅子)

【译文】农产品价格很便宜，而非必需品价格却很高；非必需品价格很高，农业就会衰竭，商业就会过度发展；商业过度发展、农业衰败却能国富民安，这是从来没有的。

262.夫珠玉金银，饥不可食，寒不可衣，然而众贵之者，以上用之故也。其为物轻微易臧[①]，在于把握，可以周海内，而无饥寒之患。此令民易去其乡，盗贼有所劝，亡逃者得轻资[②]也。粟米布帛生于地，长于时，聚于力，非可一日成也。数石之重，中人[③]不胜，不为奸邪所利[④]，一日弗得，而饥寒至。是故明君贵五谷而贱金玉。(卷十四·汉书二)

【注释】①臧(cáng)："藏"的古字。收藏，隐藏。②轻资：便于携带的财物。③中人：中等的人，常人。④利：贪爱，喜好。

【译文】珠宝美玉和金银，饥饿时不能吃，寒冷时不能穿，然而大众却认为它们很贵重，这是因为君主使用它们的缘故。金银珠宝这些物品，轻便小巧容易收藏，拿在手中，可以走遍天下而不会有饥寒的忧患。这样就使得人民容易离开家乡，盗贼受到鼓励，犯罪逃亡的人有了便于携带的财物。粟米布帛产生于田地中，随时令而生长，凝聚了人力在其中，不是一日之间就能长成的。几石重的粮食，一般的人难以拿动，也不被奸邪之人所贪图，然而一天得不到就会感到饥寒。所以，英明的君主重视五谷而轻视金玉。

263.欲民务农，在于贵粟，贵粟之道，在于使民以粟为赏罚。今募天下，入粟县官，得以拜爵，得以除罪。如此，富人有爵，农民有钱，粟有所渫矣。夫能入粟以受爵，皆有余者也，取于有余，以供上用，则贫民之赋可损。所谓损有余补①不足，令出而民利者也。顺于民心，所补者三：一曰主用足，二曰民赋少，三曰劝农功②。（卷十四·汉书二）

【注释】①补：裨益、好处。②农功：农事。

【译文】（晁错上疏说：）想要让人们从事于农业生产，关键是要重视粮食，其方法在于用粮食作为决定赏罚的条件。现在号召天下人民，只要向官府交纳粮食，就可以得到爵位，或免除一定的罪过。如此，富人就会拥有爵位，农民也会得到钱财，粮食也能有所分散流通了。凡能交纳粮食来取得爵位的，都是有余粮的人。从富余者那里取一部分来供政府使用，那么贫穷百姓的赋税就可以减少了，这就叫做减少富余的来补充不足的，政令一出人民就会得到利益。此举顺应人民的意愿，有三个方面的好处：第一是政府的需用充足，第二是人民的赋税减少，第三是可以鼓励农业生产。

264.抱朴子曰："民财匮矣，而求①不已；下力极矣，而役不休。欲怨叹之不生，规其宁之惟永，犹断根以续枝，剜背以裨②腹，刻目以广明，割耳以开聪也。"（卷五十·抱朴子）

【注释】①求：索取。②裨（bì）：弥补，补助。

【译文】抱朴子说："人民的财力已经很匮乏了，还在搜刮不止；人民的力气已经用到极点了，还在役使不停。还想使老百姓不生怨恨伤叹的情绪，幻想实现永久的安宁，这就好比截断树根来接长树枝、剜割后背上的肉来补肚子、割开眼眶来开阔视野、割掉耳朵来增强听力一样。"

十、法古

265.齐桓公问管子曰："吾念有而勿失，得而勿忘[①]，为之有道乎？"对曰："勿创勿作，时[②]至而随。无以私好恶害公正，察民所恶，以自为戒。黄帝立明台[③]之议，尧有衢室[④]之问，舜有告善之旌[⑤]，禹立谏鼓[⑥]于朝，汤有总街之庭[⑦]，以观民诽也。此古圣帝明王所以有而勿失、得而勿忘者也。"（卷三十二·管子）

【注释】①忘：通"亡"。丧失，失去。②时：时机，机会。③明台：传说为黄帝听政之所。④衢（qú）室：相传为唐尧征询民意的处所。⑤告善之旌：为奖励人臣进谏而设的旗帜。⑥谏鼓：设于朝廷供进谏者敲击以闻的鼓。⑦总街之庭：通衢大道旁的亭舍。指商汤听取民意之处。

【译文】齐桓公问管仲说："我想拥有天下而不失去，得到权力而不丧失，做到这一点有方法吗？"管仲回答说："不要刻意创新，时机来临就随之行事。不要以个人的好恶来损害公正，了解人民所讨厌的事，以便自己引以为戒。黄帝建立了明台的议政制度，尧帝设有衢室的咨询制度，舜帝设有奖励人们进谏的旌旗，夏禹在朝廷上设立进谏之鼓，商汤设有通衢大道旁的亭舍，用来了解百姓的批评意见。这就是古代圣君贤王所以拥有天下而不失去、得到权力而不丧失的方法。"

266.汤[①]降[②]不迟[③]，圣[④]敬日跻[⑤]。昭[⑥]假[⑦]迟迟[⑧]，上帝[⑨]是祇[⑩]。帝命式[⑪]于九围[⑫]。不迟，言疾也。跻，升也。九围，九州也。降，下也。假，暇也。祇，敬也。式，用也。汤之下士尊贤甚疾，其圣敬之德日进，然而能以其聪明，宽暇天下之人迟迟然。言其急于已而缓于人也。天用是故爱敬之，天于是又命之，使用事于天下，言王之。不竞[⑬]不絿[⑭]，不刚不柔。敷政[⑮]优优[⑯]，百禄[⑰]是遒[⑱]。絿，急也。优优，和也。遒，聚也。（卷三·毛诗）

【注释】①汤：商朝的开国之君。②降：指礼贤下士。③不迟：谓汤王礼贤下士非常急切。④圣：古之王天下者。亦为对于帝王或太后的极称。⑤跻（jī）：升。⑥昭：光明，明亮；明显，显著。⑦假：通"暇"，从容。⑧迟迟：舒缓，从容不迫的样子。⑨上帝：天帝。⑩祇

（zhī）：敬。⑪式：用，施行。⑫九围：九州。⑬竞：争竞，指为名利而争逐奔走。亦泛指互相争胜。⑭絿（qiú）：急躁。⑮敷政：布政，施行教化。⑯优优：宽和貌。⑰百禄：指多福。⑱遒：聚合，聚集。

【译文】汤王礼贤下士非常急切，圣王诚敬之德与日俱增。他严以律己而宽以待人，对上天心怀恭敬。于是上天派他来治理天下，为天下人做最好的榜样。从不争强好胜急于求成，既不刚强暴戾也非柔弱不禁。施政温和而且宽厚，才有这千祥云集百福骈臻。

267.古者天子诸侯有事，必告[①]于庙（庙下有朝字[②]）。有二史，右史记事（事字作动），左史记言。事（事字作动）为《春秋》，言为《尚书》。君举[③]必记，臧否[④]成败，无不存焉。下及士庶，苟有茂异[⑤]，咸在载籍。或欲显而不得，欲隐而名章。得失一朝，荣辱千载。善人劝焉，淫人惧焉。故先王重之，以副赏罚，以辅法教。宜于今者，官以其方，各书其事，岁尽则集之于《尚书》。各备史官，使掌其典。（卷四十六·申鉴）

【注释】①告：祷告，祭告。②庙下有朝字：此“朝”字应与下文“有二史”连读为“朝有二史”。③举：言行，举动。④臧否（zāng pǐ）：善恶，得失。⑤茂异：德才出众。亦指德才出众的人。

【译文】古代天子、诸侯遇到大事的时候，一定祭告宗庙。朝中设有两名史官，右史官记录天子或诸侯的行动，左史官记录天子或诸侯的言论。所记之事结集为《春秋》，所记之言结集为《尚书》。凡天子或诸侯的一言一行，一定会被记录下来，其善恶成败，没有不存录的。往下延伸到官吏平民，若德才出众，都载入典籍。有人想显扬却不能，有人想隐藏反而名声显著。得失只是一时的事，但光荣或耻辱却流传千年。善良的人得到鼓励，作恶的人有所畏惧。所以前代帝王重视编纂史书，用它来配合奖赏惩罚，用它来辅助法制教化。对于适宜于当今社会的，各官衙部门可沿袭这一方法，各自记录他们的事情，年终时就集合在《尚书》之中。各部门可以自设史官，让他们掌管他们的典籍。

268.曾子[①]曰："人之将死，其言也善。"恭王之谓也[②]。孔子曰："朝闻道，夕死可矣。"于是以开后嗣，觉来世，犹愈没身不寤者也。（卷四十二·新序）

【注释】①曾子：即曾参，字子舆，春秋末期鲁国南武城（今山东省平邑县）人，孔子的弟子，世称"曾子"。②恭王之谓也：楚恭王就是这样。本段上文讲到，楚恭王平时不喜欢与劝谏他的侍从筦（guǎn）苏相处，而喜欢一直顺从讨好他的申侯伯。临终时，则下令赐予筦苏很高的爵位，同时赶快驱逐申侯伯。

【译文】曾子曾经说："人将要死去的时候，说出来的话也是善意的。"楚恭王就是这样。孔子也曾说过："假如一个人早上听闻了仁道，即使晚上就死去了，也就没白来人间一趟。”楚恭王的做法可以启发后人，警惕来世，总比那些至死还不觉悟的人强得多了。

十一、赏罚

269.先王重于爵位，慎于官人。制爵必俟[①]有德，班禄[②]必施有功。是以见其爵者昭其德，闻其禄者知其功。（卷四十八·典语）

【注释】①俟：等待。②班禄：分等级制定俸禄。

【译文】（《易经》说："圣人之大宝，在于有崇高地位（因为拥有地位可以更好地利益人民）。怎样保守其位？在于仁爱的美德。"）上古贤明君王对爵位很重视，对授予官职很谨慎。赏赐爵位必定授予贤德的人，颁发俸禄必定施与有功的人。所以看到官员的爵位就明白他的德行，听说官员的俸禄就知道他的功劳。

270.昔者鲁周公，使卫康叔[①]往守[②]于殷[③]，戒之曰："与

杀不辜，宁失[4]有罪。无有无罪而见诛，无有有功而不赏。戒之，封[5]，诛赏之慎焉。”（卷三十一·鬻子）

【注释】①卫康叔：姬姓，名封，又称康叔、康叔封。周文王第八子，武王、周公之弟。因获封畿内之地康国，故称康叔，后改封于卫国。②守：治理，管理。③殷：指殷商故都。④失：错过，放过。⑤封：指康叔封。

【译文】从前，鲁周公派卫康叔去治理殷地，告诫他说：“与其妄杀无辜的人，不如放过有罪的人。不要让无罪的人被妄杀，也不要让有功的人得不到赏赐。你要警戒啊！诛杀和赏赐要慎重啊！”

十二、法律

271.人之性有仁义之资[①]，非圣王为之法度，不可使向方[②]也。因其所恶以禁奸，故刑罚不用，威行如神矣。因其性，即天下听从；咈[③]其性，即法度张[④]而不用。（卷三十五·文子）

【注释】①资：禀赋。②向方：归向正道。方：义方。③咈（fú）：违背。④张：设立。

【译文】虽然人性具有仁义的禀赋，但没有圣明君王制定相应的规章制度加以约束，就不可能使其归向正道。依据人民认为恶的来禁绝奸邪，这样刑罚不必动用，而威势就畅行如神明一样。顺应人的天性，就能够使天下人顺服；违背人的天性，即使法度建立也难以发挥作用。

272.为政者，不可以不知民之情，知民然（然上恐脱情字）后民乃从令。己所不欲，不施之于人，令安得不从乎？故善政者，简而易行，则民不变；法存身而民象[1]之，则民不怨。（卷四十八·体论）

【注释】①象：效法，仿效。

【译文】治理政事的人不能不了解民情，了解民情然后百姓才会听从命令。自己不想要的，不强加给他人，百姓怎么会不听从命令呢？所以善于治理政事的人，政令简明容易推行，百姓就不生变乱；以身作则遵守政令而百姓效法，那么百姓就不会埋怨。

273.法令者，民之命也，为治之本也，所以备民[1]也。智者不得过，愚者不得不及。名分不定，而欲天下之治，是犹欲无饥而去食（去食下旧无欲字，补之。），欲无寒而去衣也，其不几[2]亦明矣。一兔走，而百人追之，非以兔为可分以为百，由名之未定也。夫卖兔者满市，盗不敢取，由名分之定也。（卷三十六·商君子）

【注释】①备民：犹言保民。②不几：没有希望，不可希求。几：通“冀”。

【译文】法令，是天下百姓的命脉，是治理国家的根本，其目的是用来保护人民的。聪明的人不能超越它，愚昧的人也不能不遵守它。名分不确定，而希望天下太平，就如同不想挨饿却抛弃食物，不想受冻却丢掉衣服一样，这样做达不到目的，是很明显的了。一只兔子在跑而上百人去追，并不是因为这只兔子可以分成一百份，而是由于这只兔子到底属于谁，这个名分还没有确定。卖兔子的人满集市都有，而盗贼不敢夺取，是因为兔子的名分已经确定了。

274.故夫名分定，势治之道也；名分不定，势乱之道也。故势治者不可乱也，势乱者不可治也。夫势乱而欲治之，愈乱矣；势治而治之，则治矣。故圣人治治，不治乱也。圣人为民法，必使之明白易知，愚智遍能知之，万民无陷于险危也。（卷三十六·商君子）

【译文】所以名分确定，是势所必治的方法；名分不确定，是势所必乱的途径。因此，势所必治就难以让它混乱，势所必乱就无法治理。势所必乱而想去治理，往往会更加混乱；势所必治再加以治理，则社会安定太平。所以圣人在势所必治的情况下治国，而不是在势所必乱的情况下整治。圣人为百姓制定法律，一定要使它明白易懂，让愚人和智者都能够理解它，那么天下百姓就不会（因为不知法）陷于危险的境地。

275.天下之事，以[①]次为爵禄，以次进士，君子以精德显。夫德有次则行修，官有次则人静，事有次则民安。农夫思其疆畔[②]，百工思其规矩[③]，士君子思其德行，群臣百官思其分职[④]。上之人思其一道[⑤]，侵官[⑥]无所由，离业无所至。夫然，故天下之道正而民壹。（卷五十·袁子正书）

【注释】①以：按。②疆畔：田界，引申为农田。③规矩：规和矩，校正圆形、方形的两种工具。④分职：职分。⑤一道：指一以贯之的治理方法。⑥侵官：超越权限而侵犯其他官员的职权。

【译文】治理天下，要按法度授予爵位俸禄，要按法度招贤纳士，这样具有美好德行的士人君子就会得以彰显。进德有法度，士人就会致力于修身；晋升官位有法度，官员就安守本分；办事有法度，人民就会安定。农夫想的是他们的农活，工匠想的是他们的手艺，士人、君子想的是自己的德行，群臣百官想的是自己的职分，君主想的是一以贯之的治国方法，超越权限而侵犯其他官员职权的事就不会出现，摒弃正业的事也不会发生。只有这样，天下的治理才能走上正道，百姓才能用心专一（没有非分之想）。

276.法出而不正，是无法也；法正而不行，是无君也。（卷五十·袁子正书）

【译文】法律颁布而不能做到公正，等于没有法律；法律公正但是不能施行，等于没有君王。

277.公之于法，无不可也，过轻亦可，过重亦可；私之于法，无可也，过轻则纵奸，过重则伤善。今之为法者，不平公私之分，而辩[1]轻重之文，不本百姓之心，而谨奏当[2]之书，是治化在身而走求之也。（卷四十八·体论）

【注释】①辩：通“辨”。辨析。②奏当（dāng）：审案完毕向皇帝奏闻处罪意见。当：判罪。

【译文】以公心执法，没有什么不可以的，（只要出于公心，）用法轻一点也行，用法重一点也行（人民都会心服）；以私心执法，都是不可以的，用法太轻就会纵容奸邪，用法太重就会伤害善良。今天那些执法者，不平衡公私的区分，却来辨析法律轻重的条文，不以民心为出发点，而只谨慎于使上奏判罪的文书得当，这就好像治理教化之道本在自身却跑去别处寻求一样。

278.非佞[1]折狱[2]，惟良[3]折狱，罔非在中。非口才可以断狱，惟平良可以断狱，无非在中正也。哀敬[4]折狱，咸庶[5]中正。当矜下民之犯法，敬断狱之害人，皆庶几必得中正之道也。（卷二·尚书）

【注释】①佞：善辩；口才好。②折狱：判决诉讼案件。③良：良善。④哀敬：怜恤，同情。⑤庶：庶几。将近，差不多。

【译文】不是靠巧言善辩能够断案，只有善良公正可以断案，目的无非是使判决公正。要怀着怜悯体恤的心审判案件，那么几乎所判的案件都可以公正了。

279.非患铫①鉏②之不利，患其舍草而芸苗也；非患无准平③，患其舍枉而绳直也。故亲近为过不必诛，是鉏不用也；疏远有功不必赏，是苗不养也。故世不患无法，而患无必行之法也。（卷四十二·盐铁论）

【注释】①铫（yáo）：大锄。②鉏（chú）：锄草翻地的农具。③准平：测量平面的仪器。

【译文】不必担心锄头不锐利，要担心的是拿锄头的人放过了杂草却锄掉了禾苗；不必担心没有水准器，要担心的是拿水准器的人不去纠正弯的却去纠正直的。所以执政者对亲近的人做了坏事不一定加以惩处，这就如同不使用锄头除草；疏远的人有了功劳不一定予以奖赏，这就如同不养育禾苗。所以对社会来说，不怕没有法律，就怕有了法律却存在不一定依照执行的情况。

280.凡听五刑之讼①，必原②父子之亲、立君臣之义，以

权[③]之；意论轻重[④]之序、慎测浅深之量，以别之；悉其聪明、致其忠爱，以尽之。（卷十·孔子家语）

【注释】①凡听五刑之讼：本段亦见于《礼记·王制》。五刑之讼：墨、劓（yì）、剕（fèi。砍脚，也就是后来的刖刑）、宫、大辟（pì）五种罪行的案件。②原：推究，考究，研究。③权：衡量。④意论轻重：依据其意念而断定其犯罪之轻重。

【译文】凡是判决"五刑"之列的重大案件，一定要从体谅父子亲情、君臣恩义的角度，来进行权衡（考虑其是否出于忠爱而犯法）；要根据意念考虑犯罪的轻重程度、审慎地评估犯罪的深浅分量，来区别对待；要竭尽自己耳闻目察的辨析能力、加以自己诚恳仁爱的同情心，尽最大力量弄清并处理好案件。

281.仲弓曰："古之禁何禁？"孔子曰："析言破律[①]，巧卖法令者也。乱名改作，变易官与物名。执左道[②]以乱政者，杀。左道，邪道。作淫声[③]，淫逸惑乱之声。造异服，非人所常见。设奇伎奇器，以荡[④]上心者，杀。怪异之伎，可以眩曜人心之器。荡，动也。行伪而坚，行诈伪而坚守。言伪而辨，学非而博，顺非而泽[⑤]，顺其非而滑泽之。以惑众者，杀。假于鬼神时日卜筮[⑥]，以疑民者，杀。此四诛者，不待时，不以听[⑦]。"不听于棘木之下也。（卷十·孔子家语）

【注释】①析言破律：谓巧说诡辩，曲解律令。②左道：歪门邪道。③淫声：淫邪的乐声。④荡：移动、摇动。⑤顺非而泽：顺从邪恶之事，还要曲加粉饰。⑥卜筮（shì）：古时预测吉凶，用龟甲称卜，用蓍（shī）草称筮，合称卜筮。⑦听：指在棘木之下（古代审案之地）再加审理。

【译文】仲弓问道："古代的禁令都禁止什么？"孔子说："用好听的言语钻法律空子，变乱名义篡改法度，用歪门邪道淆乱国政的人，杀。创作淫乱的音乐歌谣，制作奇装异服，以各种异术和罕见的器物，来动摇君主心志的人，杀。行为诡诈且顽固不化，言辞虚伪且善于巧辩，所学习的并非正道却很渊博，顺从邪恶之事还要曲加粉饰，用以迷惑民众的人，杀。假借鬼怪神灵、天时变化、占卜算卦，来惑乱民心的人，杀。对这四类罪犯的处决，不必等待规定的处决时间，也不必广泛的听取意见就可以实施了。"

282.诵先王之书，不若闻其言；闻其言，不若得其所以言；得其所以言者，言弗能言也。故"道可道者，非常道也；名可名者，非常名也。"故圣人所由曰道，所为曰事。道由金石①，壹调不可更；事犹琴瑟，每（每作曲）终改调。故法制礼乐者，治之具也，非所以为治也。（卷三十五·文子）

【注释】①金石：指钟磬一类乐器。

【译文】读诵古代圣王的书，不如听古代圣王所说的话；听他们说的话，不如得到他说这些话的根本；得到他所说话的根本，就是得到那不可用言语表达的“道”。因此说，“道”如果可以讲述，就不是永恒不变的道；“名”如果可以称说，就不是永恒不变的名。所以圣人所遵从的被称为“道”，所做的被称为“事”。道如同钟磬一样，音调确定后就不能再更改了；事如同琴瑟一样，每曲终了就可改调。法律、制度、礼仪和音乐，是治国的工具，并非治国的根本。

十三、武事

283.怒者逆德[①]也，兵者凶器也，争者末节[②]也，故圣王重[③]之。夫务战胜，穷武事[④]，未有不悔者也。（卷十八·汉书六）

【注释】①逆德：有背慈善仁爱之事。②末节：卑下的品行。③重：慎重，谨慎。引申为不轻易，难。④穷武事：犹言穷兵黩武。滥用武力，肆意发动战争。

【译文】（主父偃上疏说：）愤怒是违背仁德的事，兵器是不祥之物，争夺是卑下的行为，所以圣明的君主对此非常慎重，不轻易言战。致力于战胜他国、肆意发动战争的君主，没有不追悔的。

284.同力度[①]德，同德度义。力钧则有德者胜，德钧则秉义

者彊。揆度优劣，胜负可见。（卷二·尚书）

【注释】①度：量度，衡量。

【译文】（周武王说：）两军对阵，势均力敌则看其德行，德行相当则看其出兵是否符合正义。（有德者胜，合义者强。）

285.历观古今，用兵之败，非鼓之日也，民心离散，素行[①]豫[②]败也；用兵之胜，非阵之朝[③]也，民心亲附，素行豫胜也。（卷四十七·政要论）

【注释】①素行：平素的行为。②豫：预先，事先。俗作“预”。③朝（zhāo）：日，天。

【译文】纵观古往今来用兵失败者，并非败在击鼓决战的当日，而是民心离散，平素的行为就显示出失败的征兆了；用兵获胜者，并非胜在两军对阵的那天，而是民心拥护，平素的行为就显示出胜利的征兆了。

286.会[①]闻，用师观衅[②]而动。衅，罪也。德刑政事典礼不易，不可敌也。（卷五·春秋左氏传中）

【注释】①会：士会自称。祁姓、士氏，名会，字季，因被封于随、范，以邑为氏，别为范氏，谥武，又被称为士季、随会、随季、范子、范会、武季、随武子、范武子。是士蔿之孙，成伯缺之子，春秋晋国中军将、太傅。②舋（xìn）：罪过、过失。

【译文】（士会说：）我听说用兵，要先观察敌人的过失而后采取行动。若其德行、刑赏、政治、国务、典章、礼仪没有违反常道，是不可抵挡的（指不能征讨这样的国家）。

287.武王问太公曰："论将之道奈何？"太公曰："将有五才十过。所谓五才者：勇、智、仁、信、忠也。勇则不可犯，智则不可乱，仁则爱人，信则不欺人，忠则无二心。所谓十过者：将有勇而轻死者，有急而心速者，有贪而喜利者，有仁而不忍于人者，有智而心怯者，有信而喜信于人者，有廉洁而不爱民者，有智而心缓者，有刚毅而自用（用作任）者，有愞[①]心而喜用人者。"（卷三十一·六韬）

【注释】①愞（ruǎn）：怯弱。

【译文】周武王问姜太公说："选择将领之道，是怎样的？"太公说："选择将领要具备五种美德，避免十种缺点。所谓五种美德是：勇、智、仁、信、忠。勇敢就不可被侵犯，明智就不可被扰乱，仁慈就会爱护士卒，诚信就不会欺骗别人，忠诚就没有贰心。所谓十种缺点是：将领有勇敢而轻率赴死的，有急躁而心求速成的，有贪婪而好利的，有仁慈而不忍害人害物、流于姑息的，有聪明却胆小怕事的，有诚信却轻信于人的，有廉洁而不肯厚爱士兵的，有聪明却犹豫不决的，有强毅而刚愎自用的，有怯弱而喜欢依赖别人的。”

288.夫总文武者，军之将也；兼刚柔者，兵之事也。凡人之论将，恒观之于勇。勇之于将，乃数分之一耳。夫勇者轻命（命作合，轻合①），而不知利，未可也。（卷三十六·吴子）

【注释】①轻合：轻率交战。

【译文】文武双全的人，才可做军队的将领；刚柔并济的人，才可以指挥作战。通常人们评论将领，往往只着眼于勇敢。其实勇敢对于将领来说，只是其应该具备的各种素质之一而已。仅凭勇敢的将领，轻易与敌交战而不知权衡利害，这是不可取的。

289.武王曰：“士高下岂有差乎？”太公曰：“有九差。”武王曰：“愿闻之。”太公曰：“人才参差①大小，犹斗②不以盛石③，满则弃矣。非其人而使之，安得不殆④？多言多语，恶口恶舌，终日言恶，寝卧不绝，为众所憎，为人所疾，此可使要问闾里⑤，察奸伺⑥猾；权数⑦好事，夜卧早起，虽遽⑧不悔，此妻子将也；先语察事，实长希言⑨，赋物平均，此十人之将也；切切⑩截截，不用谏言，数行刑戮，不避亲戚，此百人之将也；讼辨⑪好胜，疾贼侵陵⑫，斥人以刑，欲正一众，此千人之将也；外貌咋咋⑬，言语切切⑭，知人饥饱，习人剧易⑮，此万人之将也；战战栗栗，日慎一日，近贤进谋，使人以节，言语不慢，忠心诚必⑯，此十万之将也；温良实长，用心无两，见贤进之，行法不枉，此百万之将也；动动纷纷，邻国皆闻，出入居处，百姓所亲，诚信缓⑰大，明于领世，能教成事⑱，又能救败，上知天文，下知地理，四海之内，皆如妻子，此英雄之率，乃天下之主也。”（卷三十一·六韬）

【注释】①参差：不齐貌。②斗（dǒu）：量器。十升为一斗，十斗为一石。③石（dàn）：计算容量的单位元，十斗为一石。④殆：危亡，危险。⑤闾里：里巷，平民聚居之处。⑥伺：窥伺，窥探，观察。⑦权数：犹权术。⑧遽：通“剧”。劳碌。⑨希言：少言，少说话。⑩切切：急切，急迫。⑪讼辨：争辩。“辨”通“辩”。⑫侵陵：侵犯欺凌。⑬咋咋：《长短经》引用太公此言作“外貌怍怍”（zuò）。今从之。怍：羞惭。这里指谦虚的样子。⑭切切：恳挚。⑮剧易：艰难。⑯诚必：谓遵守信用，说到做到。⑰缓：谓刑政等宽宏，宽恕。⑱成事：成功，办成事情。

【译文】周武王问：“人的才能高下有哪些差别？”姜太公答：

“有九种差别。”武王说：“希望能听您讲讲。”太公说：“人的才能大小参差不齐，犹如不会以斗来装一石之物，装满后，其余的便只能抛弃。使用不合适的人，怎能不危险呢？第一种人多言多语，口不积德，整天说坏话、传是非，连睡眠休息时都不止息，为大众所憎恨，被他人所厌恶，这种人可以让他在民众居住处打听情况、探察奸邪狡诈之人；第二种人多有权术且好揽事务，晚睡早起，虽劳碌而不懊悔，这种人只能是管理妻子儿女的一家之长；第三种人在说话前先观察情况，言行谨慎，多做少说，分配平均，这种人可以做十人之将；第四种人办事迫切雷厉风行，不轻易接受别人的谏言，多用刑戮，依法行事而不徇私情，这种人可以做百人之将；第五种人善辩好强，嫉恶如仇，以刑法惩处人，希望以此来矫正部队，这种人可以做千人之将；第六种人外貌谦虚恭敬，言语恳切，了解众人的饥饱，懂得他人的艰难，这是万人之将；第七种人敬畏戒慎，做事一天比一天谨慎小心，亲近贤者，善于采纳别人意见，以礼待人，言语恭敬不轻慢，为人忠实守信，这是十万人之将；第八种人温和善良，实干厚道，用心专一没有贰心，见贤举用，执法公正不阿，这是百万人之将；第九种人一举一动，连邻国也无不知悉，所在之处，百姓亲近拥戴，诚实守信而宽厚大度，能正确领导人民，能教化百姓成就大事，又能拯救危难，反败为胜，上知天文，下知地理，看待四海之内的人民就如同自己家人一样，这样的人是英雄的首领，是天下之君主啊！”

290.夫将师[①]者，必与士卒同滋味而共安危，敌乃可加[②]。养士如此，乃可加兵于敌也。昔者良将之用兵也，人有馈[③]一箪[④]醪[⑤]者，使投诸河，与士卒同（同旧作逆，改之）流而饮之。夫一箪之醪，不能味一河之水，而三军之士，思为致死者，以滋味之及[⑥]己也。（卷四十·三略）

【注释】①师：当为"帅"字之误。②加：加兵，即以武力进攻。③馈：赠送。④箪（dān）：用竹或苇做成的盛器。⑤醪（láo）：酒。⑥及：至，到达。

【译文】身为将帅，一定要与士卒同甘苦、共安危，才可对敌作战。从前有位良将带兵打仗，有人送他一箪美酒，他就下令把酒倒在河里，与全体士卒同流共饮。一箪美酒虽然不能使整条河的水都有酒味，但三军将士因此而愿意拼死效力，是因为将帅同甘共苦的精神及于自身的缘故。

291.穰苴[①]曰："将受命之日，则忘其家；临军[②]约束[③]，则忘其亲；援枹鼓[④]之急，则忘其身。"（卷十二·史记下）

【注释】①穰苴（ráng jū）：齐国人，春秋末期军事家。田氏，名穰苴，任司马，曾率兵击退晋、燕军，治军严整，深通兵法。②临军：谓将出作战。③约束：规章，法令。④援枹（fú）鼓：手持战鼓之鼓槌，指在战场指挥作战（古时以击鼓指挥军队进击）。枹：鼓槌。

【译文】（齐国司马）穰苴说："身为将领，从接受任命起，就应当忘掉自己的家庭；即将出战，要遵守军中法令，就应当忘掉自己的双亲；击鼓指挥军队进击的紧急时刻，就应当忘掉自身的安危。"

292.赏不踰时，欲民速得为善之利也；罚不迁列[①]，欲民速睹为不善之害也。赏功不移时，罚恶不转列，所以劝善惩恶，欲速疾也。（卷三十三·司马法）

【注释】①迁列：移动行列。"罚不迁列"指惩罚要就地执行。

【译文】（军队中）奖赏不错过时机，为的是使人迅速得到做善事的利益；惩罚就地执行，为的是使人迅速看到做坏事的害处。

293.子曰："以不教民[①]战，是谓弃之。"言用不习之民使之战，必破败，是为弃之。（卷九·论语）

【注释】①不教民：此三字构成一个名词，即"不教之民"，指没有学习战斗技能、平时也没有接受道德教育的人民。若无道德教育做基础，便无战斗意志，作战也必然失败。

【译文】用没有受过军事训练及道德教育的人民去作战，这等于是抛弃人民。

伍、敬慎

一、微渐

294.夫祸之始也，犹熛[①]火蘖足[②]也，易止也；及其措[③]于大事，虽孔子墨翟[④]之贤，弗能救也。（卷三十六·尸子）

【注释】①熛（biāo）：火焰。②蘖（niè）足：清代汪继培先生认为“足”字衍。蘖：树木砍去后从残存茎根上长出的新芽，泛指植物近根处长出的分枝。③措：举，成。④墨翟（dí）：姓墨名翟，生于春秋、战国之交，鲁人，倡“兼爱”、“非攻”，是墨家学派的创始人。

【译文】祸患刚开始的时候，就好像刚燃起的火苗、刚长出的新芽，容易制止；等到酿成大祸，那么即使如孔子、墨翟般贤能，也无法挽救。

295.《象》曰：水在火上，既济[①]。君子以思患而豫防

之。存不忘亡，既济不忘未济也。（卷一·周易）

【注释】①既济：第六十三卦。离下坎上。离为火，坎为水。孔颖达先生《周易正义》说："水在火上，炊爨之象，饮食以之而成，性命以之而济，故曰'水在火上，既济'也。"

【译文】既济卦的《象传》说：水在火上，比喻用火煮食物，象征事情已经成功。君子观此卦象，当于成功之时思虑将来可能出现的祸患，而预先采取措施，防范于未然。（因为成和败、治和乱是循环不息的，因此君子目光远大，存不忘亡，既济不忘未济。）

296.自古及今，未有不亡之国也，故常战栗，不敢讳亡。孔子所谓富贵无常，盖谓此也。（卷十五·汉书三）

【译文】（刘向进谏说：）从古到今，没有不灭亡的国家，所以贤明的君主心中常怀恐惧，不敢忌讳谈及亡国。孔子所说的"富贵无常"，说的就是这个意思。

297.屋焚而人救之，则知德[1]之；年老者，使涂隙戒突[2]，故终身无失火之患，而不知德也。入于囹圄，解于患难者，则三族[3]德之；教之以仁义慈悌，则终身无患，而莫之德。夫祸亦有突，贤者行天下，而务塞[④]之，则天下无兵患矣，而莫之知德也。故曰："圣人治于神[⑤]，愚人争于神[⑥]也。"（卷三十六·尸子）

【注释】①德：感恩，感激。②涂隙戒突：涂塞烟囱的缝隙防备火灾。涂：涂抹堵塞。隙：缝隙。戒：防备。突：烟囱。③三族：有三种说法：一种是指父族、母族、妻族，二是指父、子、孙，三是指父母、兄弟、妻子。④塞：堵塞，填塞。⑤治于神：消解祸害于尚不明显的酝酿阶段。神：隐微。⑥神：汪继培先生认为当为"明"字。案《墨子·公输篇》云："治于神者，众人不知其功；争于明者，众人知之。"

【译文】房屋失火了，得到别人的救助，人们都知道感恩；而经验丰富的长者教人涂塞烟囱缝隙防备灾祸，从而使人终身无失火的隐患，可是人们却不知道感恩。身陷牢狱，有人将他解救出来，那么三族的家人都会感恩；但是教导仁义慈爱孝悌之德，使人一生没有祸患，人们却不知道报答感恩。世上的灾难也都有类似"烟囱"的隐患，贤良的人行道于天下，尽力去弥补挽救，使天下免除战争的祸患，可人们也不知道报答感恩。所以说，圣人把祸害在尚不明显的阶段就消除掉，愚人则在事态显明之时争功。

298.城郭沟渠[①]，不足以固守；兵甲勇力，不足以应敌；

博地[2]多财，不足以有众。唯有道者[3]，能备患于未形也。

（卷三十二·管子）

【注释】①城郭沟渠：城郭，城墙。城指内城的墙，郭指外城的墙。沟渠，此指为防守而挖的水道。②博地：广阔的土地。③有道者：此处指掌握治国法则的君主。

【译文】仅凭城墙和护城河，不足以坚守城池；仅凭武器精兵，不足以应对敌人；仅凭地广财多，不足以拥有百姓。只有掌握了治国之道的君主才能防患于未然。

二、风俗

299.年谷丰稔①，风俗未乂②。夫风俗者，国之脉诊也，不和，诚未足为休③。《书》曰："虽休勿休。"况不休而可休④乎？（卷四十五·崔寔政论）

【注译】①稔（rěn）：庄稼成熟。②乂（yì）：安定。③休：美善。④休：停止。

【译文】（目前）每年种植的农作物收成很好，但风俗尚未达到安宁。风俗犹如国家的脉象，如果风俗没有调和，国政实在算不上美善。《尚书》说："治政虽美善而不敢自以为美。"更何况治政尚未完善，怎么可以自满并停止努力呢？

300.礼俗不一，职位不重，小臣咨度（咨度作谗嫉），庶人作议，此衰国之风也。君好谦（谦作让），臣好逸，士好游，民好流，此弱国之风也。君臣争明，朝廷争功，士大夫争名，庶人争利，此乖国之风也。上多欲，下多端，法不定，政多门，此乱国之风也。以侈为博，以伉[①]为高，以滥为通，遵礼谓之劬[②]，守法谓之固，此荒国之风也。以苛为察，以利为公，以割下为能，以附上为忠，此叛国之风也。上下相疏，内外相疑（疑作蒙），小臣争宠，大臣争权，此危国之风也。上不访下，下不谏上，妇言用，私政行，此亡国之风也。

（卷四十六·申鉴）

【注释】①伉（kàng）：骄纵、傲慢。②劬（qú）：劳苦。

【译文】政府制定的礼法和民间风俗不相一致，大臣所负的职责和官位不相称，君主身边的小臣进谗言、闹嫉妒，平民随便议论朝政，这是衰国之风。君主喜欢过度谦退不能扛起应有的责任，臣子好逸恶劳，士大夫喜欢游乐，百姓喜欢流落他乡居住，这是弱国之风。君臣争着显示贤明，朝廷内群臣争执功劳，士大夫好争虚名，老百姓好争利益，这是乖国之风。在上位的人多私欲，在下位的人多争端无从着手，法规朝令夕改，政令出自多门，这是乱国之风。把奢侈当博大，把傲上当清高，把越轨当通达，以遵守礼仪为烦劳，以遵纪守法为固执，这是荒国之风。把苛刻当明察，把逐利当公务，以宰割下民为本事，以巴结上司为忠诚，这是叛国之风。上下互相疏远，内外互相怀疑，小臣争相求宠，大臣争权夺位，这是危国之风。君主不访察下情，臣下不直言进谏，宠妃之言多被采纳，权臣之令畅行无阻，这是亡国之风。

301.世治则小人守正，而利不能诱也；世乱则君子为奸，而刑（刑作法）不能禁也。（卷四十一·淮南子）

【译文】在太平盛世，小人都能坚守正道，财利也不能引诱他们；世道混乱，连君子都做奸邪之事，刑法也不能禁止。

302.商贾在朝，则货财上流①；妇言②人事，则赏罚不信；男女无别，则民无廉耻。而求百姓之安③、兵（兵作难）士之死节④，不可得也。（卷三十二·管子）

【注释】①货财上流：因贿赂风行而使财富流向朝廷及官吏手中。②妇言：后妃妻妾之言。③安：《治要》“商务本”断句为：而求百姓之安、兵士之死节。校勘记：“安下有难字”。“天明本”断句为：而求百姓之安兵、士之死节。校勘记则为：“兵作难”。今从商务本。“安难”谓不避祸难。④死节：为守住节操而牺牲。

【译文】商人在朝做官，贿赂就会风靡上层；后妃妻妾干预朝政，奖赏处罚就不会准确；男女没有界限，人民就没有廉耻。如此，却要求百姓为君主不避祸难，兵士为朝廷捐躯，是不可能的。

303.廉隅[①]贞洁者，德之令也；流逸奔随者，行之污也。风有所从来，俗有所由起。疾其末者，刈[②]其本；恶其流者，塞其源。夫男女之际，明别其外内，远绝其声音，激厉其廉耻，涂塞其亏隙，由尚有胸心之逸念，睇眄[③]之过视，而况开其门，导其径者乎？（卷四十五·昌言）

【注释】①廉隅：比喻端方不苟的行为、品性。②刈（yì）：割。消除，除去。③睇眄（dì pàn）：顾盼。睇：斜视，流盼。眄：同“盼”。

【译文】端方不苟、坚贞高洁，是美好的品德；放荡无节、任性私奔，是污浊的行为。风气都有其来由，民俗也有其根源。嫉恨其末梢就该割断其根本，厌恶其浊流就要堵塞其源头。男女之间，即使明确地分开其外内的处所，疏远隔绝其交谈，激励其廉耻之心，堵塞造成非礼的空隙，还会有内心放纵的念头、越礼的斜视，更何况大开其门，并为之引路呢？

304.天下多忌讳[①]，而民弥贫。天下，谓人主也。忌讳者，防禁也。令烦则奸生，禁多则下诈相殆，故贫也。民多利器[②]，国家滋昏。利器者，权也。民多权，则视者眩于目，听者惑于耳，上下不亲，故国家昏乱也。人多伎巧[③]，奇物[④]滋起。人，谓人君也。多伎巧，刻画宫观，彫琢章服，下则化上，日以滋起也。法物滋彰，盗贼多有。法，好也。珍好之物，滋生彰着，则农事废，饥寒并至，故盗贼多有。（卷三十四·老子）

【注释】①忌讳：指禁戒。②利器：谓权谋。③伎巧：即智巧。伎，与“技”同。④奇物：奇丽奢华之物。

【译文】君主的禁令愈多，人民动辄得咎，不能安心工作，就会愈来愈贫穷。百姓多权谋，上下寡恩少义，国家就愈来愈混乱。人主看重技艺机巧，上行下效，奇丽奢华之物就会兴起。珍奇物品愈多愈精美，人民想要不劳而获，盗贼就愈来愈多。

305.今使列肆[①]卖侈功，商贾[②]鬻[③]僭服[④]，百工[⑤]作淫器[⑥]，民见可欲[⑦]，不能不买，贾人之列，户蹈踰侈矣。故王政一倾，普天率土，莫不奢僭者，非家至人告，乃时势驱之使然。此则天下之患一也。（卷四十五·崔寔政论）

【注释】①列肆：谓成列的商铺。②商贾：商人。③鬻（yù）：卖。④僭（jiàn）服：越礼违制的服饰。僭：指超越本分。⑤百工：各行各业的手工业者。⑥淫器：奇巧而无用的器物。⑦可欲：指足以引起欲念的事物。

【译文】如今成列的商铺都在卖奢侈的物品，商人出售违背礼制的服饰，各行各业的手工业者都在制作奇巧而无用的器物，百姓见了能够引起欲望的物品，禁不起诱惑不能不买，这些商人，家家户户都越过等级奢靡无度。所以国家政令一旦松弛（没有限制国人欲望的发展），普天下的官庶百姓，就会无不奢侈逾礼，不合法度。这不是到家家户户去宣扬的结果，而是时势潮流的推动使其如此。这是危害国家的祸患之一。

306.今背本而趋末，食者甚众，是天下之大残也；淫侈之俗，日日以长，是天下之大贼也。（卷十四·汉书二）

【译文】如今人们背离农业趋向商业，食用粮食而不耕种的人口众多，这是天下的大害；奢侈浪费的风气日益增长，这是天下的大祸。

307.君子之御下也，民奢，应之以俭；骄淫者，统之以理。未有上仁而下贼，让行而争路者也。故孔子曰："移风易俗。"岂家令（令作至）人视之哉？亦取（取作先）之于身而已矣。（卷四十·新语）

【译文】君王治理百姓，民风奢侈了，就提倡勤俭；民众骄纵放荡，就提倡伦理道德的教化。从没有上位者仁义而下位者却暴虐的，也没有上位者让路而下位者争路的。所以孔子说："移风易俗。"难道是要一家家地去查看吗？其实只要君王以身作则，从自己做起就行了。

308.顺其善意，防其邪心，与民同出一道，即民性可善，风俗可美矣。（卷三十五·文子）

【译文】君主依从百姓善的意念，防止百姓邪念产生，与百姓共同遵循善道而不变，才可以使百姓弃恶从善、民风趋于淳厚。

309.上好德则下修行，上好言则下饰辩。修行则仁义兴焉，饰辩则大伪起焉，此必然之征也。德者难成而难见[①]者也，言者易撰而易悦者也。先王知言之易，而悦之者众，故不尚焉。（卷四十九·傅子）

【注释】①见（xiàn）："现"的古字。

【译文】君主崇尚美德，则臣下重视修养德行；君主喜好高谈阔论，则臣下热衷粉饰巧言。修养德行则仁义之道兴起，粉饰巧言则诡诈之风兴起，这是必然现象。美德难修成也难被发现，高谈阔论容易撰写也容易讨人喜欢。古代圣王知道巧言易说且多数人爱听，所以不提倡。

310.古者民朴而化淳[①]，上少欲而下尠[②]伪。衣足以暖身，食足以充口，器足以给用，居足以避风雨。养以大道，而民乐其生；敦[③]以大质[④]，而下无逸心。日中[⑤]为市，民交易而退，各得其所。盖化淳也。（卷四十九·傅子）

【注释】①化淳：教化淳厚。②尠（xiǎn）：同“鲜”，少。③敦：劝勉，勉励。④大质：纯朴的本质。质：朴实，淳朴。⑤日中：从天亮到正午的半天时间。

【译文】古代人民朴实，风俗淳厚，在上位者贪欲少，居下位者少伪诈。人们只求衣能保暖，食可充饥，器具可供使用，住房能避风雨。用正确的道理教化，百姓安居乐业；用纯朴的本质劝勉，百姓无放纵之心。上午是市场开放的时间，百姓进行交易后离开，各获所需。这是风俗淳厚的结果。

三、治乱

311.文公[①]问于郭偃[②]，郭偃，卜偃。曰："始也吾以国为易，易，易治也。今也难。"对曰："君以为易，其难也将至矣；君以为难，其易也将至矣。"以为难，而勤修之，故其易将至。（卷八·国语）

【注释】①文公：即晋文公。姬姓，名重耳。春秋时期晋国国君，春秋五霸之一。②郭偃：晋国大夫，掌管占卜，也称卜偃。

【译文】晋文公向郭偃问道："开始的时候，我以为治理国家是很容易的事，现在才感到很难。"郭偃回答说："君上如果以为容易，那么困难将会到来；君上如果认为困难，那么容易将会到来。"

312.大禹[①]曰："后[②]克[③]艰厥[④]后，臣克艰厥臣，政乃乂[⑤]，黎民敏[⑥]德。"敏，疾也。能知为君之难，为臣不易，则其政治，而众民皆疾修德也。（卷二·尚书）

【注释】①大禹：鲧的儿子，名文命，号禹，夏后氏首领。受舜禅让继帝位，建立夏代。②后：上古及三代的部落首领及君王称"后"。③克：能够。④厥：其。⑤乂（yì）：治理，安定。⑥敏：敏捷，迅速。

【译文】大禹曾说："如果君主能够了解尽到君主职责的艰难，臣子能够了解尽到臣子本分的艰辛，国政就会得以安定，民众就会迅速去修养自己的德行。"

313.义[①]也者，万事之纪[②]也，君臣[③]上下[④]亲疏[⑤]之所由起也，治乱安危之所在也。勿求于他，必反人情（人情作于己）。（卷三十九·吕氏春秋）

【注释】①义：谓符合正义或道德规范。②纪：纲领。③君臣：指领导与被领导。④上下：长幼。⑤亲疏：指关系或感情上距离的远近。

【译文】义，是万事的纲纪，是产生君臣、长幼、亲疏关系各自本分的起点，是国家治乱安危关键之所在。（所以成败）勿求于他人，必须反求诸己。（自己按正义行事，才能获得成功。）

314.明主不用其智，而任圣人之智；不用其力，而任众人之力。故以圣人之智思虑者，无不知也；以众人之力起事者，无不成也。能自去而因[①]天下之智力，起[②]则身逸而福多。乱主独用其智，而不任圣人之智；独用其力，而不任众人之力，故其身劳而祸多。故曰："独任之国（国旧作图，改之），劳而多祸。"（卷三十二·管子）

【注释】①因：依托，凭借。②起：清代戴望先生说："元本无'起'字，此误衍。"

【译文】贤明的君主不靠自己的智慧，而用圣人的智慧；不靠自己的力量，而用众人的力量。所以凭借圣人的智慧思考问题，就没有不明白的；用众人的力量做事，就没有不成功的。能够不固执己见而依靠天下人的智慧和力量，就会自身安逸而造福众多。昏君独恃自己的才智，而不信赖圣人的智慧；独恃自己的能力，而不依靠众人的力量，所以自身疲劳而祸患众多。所以说："独断专行的国君，其国势必疲于奔命而又多祸。"

315.国之所以乱者四：内有疑[①]妻之妾，此宫乱也；庶有疑嫡之子，此家乱也；朝有疑相之臣，此国乱也；任官无能，此众乱也。四者无别，主失其体；群官朋党，以怀其私，则失彊（彊作族）矣。故妻必定，子必正，相必直立[②]以听，官必忠信以敬。（卷三十二·管子）

【注释】①疑（nǐ）：通“拟”。比拟。②直立：正位，主其位的意思。直：正。立：古文“位”字。

【译文】国家之所以动乱的原因有四点：宫内有与正妻地位相当的宠妾，这是宫廷动乱的原因；庶子中有与嫡子地位相当的孩子，这是家中动乱的原因；朝廷中有权力与宰相相当的宠臣，这是国家动乱的原因；所任用的官员没有才能，这是群吏动乱的原因。对这四种情况不能识别，君主就会丧失制度规章；群臣结为朋党，各营私利，君主就会失去宗族的支持。所以，嫡妻必须要确定地位，嫡子必须要正名，宰相必须正位以听政，百官必须忠信以敬业。

316.子张问政于孔子曰：“何如斯可以从政矣？”子曰：“尊五美，屏[①]四恶，斯可以从政矣。”屏，除也。子张曰：“何谓五美？”子曰：“君子惠而不费，劳而不怨，欲而不贪[②]，泰而不骄，威而不猛。”子张曰：“何谓惠而不费？”子曰：“因人所利而利之，不亦（不亦上脱斯字）惠而不费乎？利民在政，无费于财。择可劳而劳之，又谁怨？欲仁而得仁，又焉贪？君子无众寡，无小大，无敢慢，言君子不以寡小而慢之。斯不亦泰而不骄乎？君子正其衣冠，尊其瞻视，俨然人望而畏之，斯不亦威而不猛乎？”子张曰：“何谓四恶？”子曰：“不教而杀，谓之虐；不戒视成[3]，谓之暴；不宿戒，而责目前成，为视成也。慢令致期[4]，谓之贼；与民无信，而虚刻期。犹之与[5]人也，出纳之吝[6]，谓之有司[7]。”谓财物俱当与人，而吝啬于出内惜难之，此有司之任耳，非人君之道。（卷九·论语）

【注释】①屏（bǐng）：除去，排除，摒弃。②欲而不贪：下文云“欲仁而得仁，又焉贪？”可知此“欲”字是指欲仁欲义而言。南朝梁代皇侃《论语义疏》云：“欲仁义者为廉，欲财色者为贪。”③视成：谓责其成功。④致期：南宋朱熹先生认为即“刻期”，指严格限定日期。刻，通“克”。⑤与：给予。⑥出纳之吝：舍不得拿出去，出手小气。此处“出纳”一词只有“出”的含义，没有“纳”的含义。俞樾先生《群经平议》云：“此自言出之吝耳，纳则何吝之有？因出纳为人之恒言，故言出而并及纳。”⑦有司：本是官吏的通称，这里指库吏之类的小官，他们在财务出入时都要精确算计、严加盘查。从政的人如果这样，就显得吝啬刻薄而小家子气了。皇侃《论语义疏》：“有司，犹库吏之属。人君若物与人而吝，即与库吏无异。”

【译文】子张向孔子请教为政之道说：“怎样才可以从事政治呢？”孔子说：“要尊崇五种美事，屏除四种恶事，这就可以从政了。”子张问：“什么是五种美事？”孔子说：“君子为政，给人民恩惠而不耗费财力，劳役人民而不招民怨，有欲（欲仁欲义）而非自私之贪欲，心中安泰而不骄傲，有威仪而不凶猛。”

子张又问：“怎样才算给人民恩惠而不耗费财力？”孔子说：“就着人民可以得利之处，制定适当的政策来利民，这不就是惠民而不耗费财力吗？需用民间劳力时，选择可以劳动的（时间、情况和人民）去劳动他们，又有谁会怨呢？欲行仁政即行，便能得仁，又有什么贪可言呢？君子待人，无论多数少数，也不论是大人物小人物，都不敢怠慢，这不就是心中安泰而不骄傲吗？君子端正其衣冠，自尊其瞻视仪容，令人望之俨然而生敬畏，这不就是有威仪而不凶猛吗？”

子张说：“什么是四种恶政？”孔子说：“为政不先教民，民众犯罪就杀，这叫做虐；为政不在事先一再地告诫，而立刻就要看到成果，这就是暴；政令发布很慢，限期完成却是紧急而刻不容缓，这就是贼害民众；散发财物给人民，到发放时却显得吝啬，这就叫小吏气量。”

317.夫人君欲治者，既达专持刑德之柄矣，位必使当其德，禄必使当其功，官必使当其能。此三者治乱之本也。位当其德，则贤者居上，不肖者居下；禄当其功，则有劳者劝，无劳者慕。（卷四十七·政要论）

【译文】君王要让天下达到大治，已经明了要用好法制和德教的权柄，那么赐予人地位一定与其德行相符，赐予人俸禄一定与其功劳相符，赐予人官职一定与其才能相符。这三条，是治乱的根本。地位与德行相符，那么贤德的人就会居于上位，不够贤德的人就会居于下位；俸禄与功劳相符，那么有功劳的人就会得到鼓励，没有功劳的人就会朝此努力。

318.国乱有三事：年饥民散，无食以聚之则乱；治国无法则乱；有法而不能用则乱。有食以聚民，有法而能行，国不治，未之有也。（卷三十七·尹文子）

【译文】造成国家混乱的原因有三种：遭受饥荒，人民流离失所，君主没有粮食来聚拢安稳人民，国家就会混乱；治理国家没有法令制度，国家会混乱；有了法令制度但不能贯彻执行，国家也会混乱。有足够的粮食能够聚拢安稳百姓，有良好的法令制度且能贯彻执行，而国家还不能治理好，是从来没有的事。

四、鉴戒

319.孔子观于明堂[①]，睹四方之墉，墉，墙。有尧、舜、桀、纣之象，而各有善恶之状、兴废之诫焉。又有周公相成王，抱之而负斧扆[②]，南面以朝诸侯之图焉。孔子徘徊而望之，谓从者曰："此则周之所以盛也！夫明镜者所以察形，往古者所以知今。人主不务袭迹于其所以安存，而忽怠于所以危亡，是犹未有以异于却步而欲求及前人也，岂非惑哉？"（卷十·孔子家语）

【注释】①明堂：古代帝王宣明政教、举行大典的地方。这里是孔子到周国所参观的明堂。②斧扆（yǐ）：古代帝王朝堂所用的状如屏风的器具，以绛为质，高八尺，东西当户牖之间。其上有斧形图案，故名。《逸周书·明堂》："天子之位，负斧扆，南面立。"

【译文】孔子在周国的明堂参观时，看到四周的墙壁上绘有尧帝、舜帝、夏桀、商纣的画像，画像下面都叙述了他们的善行和恶迹的情况，以及兴盛和衰亡的规诫。还有周公辅佐成王时，抱着成王背靠斧纹图案的屏风，面南而坐接受诸侯来朝见的图画。孔子徘徊在这些画像前反覆瞻仰，对跟随在身边的弟子们说："这就是周朝繁荣兴盛的原因啊！明镜是用来观察人的身形的，历史则是用来看清现实和预知未来的。如果君王既不努力承袭古代圣王之所以长治久安之道，又忽视亡国之君之所以危亡的原因，这就跟向后面倒退，却想要赶上走在前面的人没有两样，岂不是很糊涂吗？"

320.古人有言曰："人无①于②水鉴③，当于民鉴。"古贤圣有言，人无于水鉴，当于民鉴也。视水见己形，视民行事见吉凶。今惟殷坠命，我其可弗大鉴？今惟殷纣无道，坠失天命，我其可不大视为戒也。（卷二·尚书）

【注释】①无：勿。②于：以。③鉴：照，察看。

【译文】古人有句格言说："人不要只把水当作镜子观察自己，而应当把百姓作为镜子审查自己。"如今殷已失掉了他的天命，我们岂可不深刻反省以殷商灭亡之事为鉴呢？

321.殷君喜以人餧[①]虎；喜割人心；喜杀孕妇；喜杀人之父，孤人之子；喜夺；喜诬；以信为欺，欺者为真；以忠为不忠；忠谏者死，阿谀者赏；以君子为下；急令暴取；好田猎，出入不时；喜治宫室脩台池，日夜无已；喜为酒池肉林糟丘，而牛饮者三千饮人；无长幼之序，贵贱之礼；喜听谗用举，无功者赏，无德者富；所爱专制而擅令，无礼义，无忠信，无圣人，无贤士，无法度，无升斛[②]，无尺丈，无称衡。此殷国之大妖也。（卷三十一·六韬）

【注释】①餧（wèi）：亦作"喂"。喂养。②升斛：升与斛的合称，均为计量标准的名称。

【译文】商纣王喜欢用人来喂虎；喜欢挖人的心；喜欢剖开孕妇的肚子；喜欢杀人之父，使人成为孤儿；喜欢夺取；喜欢妄言；把诚信当成欺诈，把欺诈当作真实；把忠诚视为不忠；忠心劝谏者被处死，阿谀奉承者受到赏赐；把君子看得卑下；政令苛急，暴取豪夺；喜好打猎，出入不避时节；喜好修造宫室台池，日夜不停；喜好建造酒池、肉林和酒糟堆成的小山，还招集三千人狂饮；不分长幼的次序，没有贵贱的礼节；喜欢听信奸邪之人的谗言，并任用他们举荐的人，使无功者受赏，使无德者富有；喜好专制而独揽政令；不讲礼义、不讲忠信，目无圣人，无视贤士，国无法度，没有计容量、量长短、称轻重的统一标准。这些都是殷国大的反常、怪异之事。

322.昔秦所以亡天下者，但坐[①]赏轻而罚重，刑政错乱。民力尽于奢侈，目眩于美色，志浊于财宝，邪臣在位，贤哲隐藏，百姓业业[②]，天下苦之，是以遂有覆巢破卵之忧。汉所以彊[③]者，躬行诚信，听谏纳贤，惠及负薪[④]，躬请巖穴[⑤]，广采博察，以成其谋。此往事之明证也。（卷二十八·吴志下）

【注释】①坐：因为，由于。②业业：危惧的样子。③彊（qiáng）：强盛，强大。④负薪：背负柴草，指地位低微的人。⑤巖穴：指巖穴之士，即隐士。古时隐士多山居，故称。

【译文】以前秦朝之所以失去天下，就是因为赏赐轻而刑罚重，刑法和政令混乱。国君的奢侈耗尽了民力，国君的双眼被美色迷惑，心志被财宝腐蚀污染，奸邪之臣在位掌权，贤明之人隐居退避，百姓忧虑恐惧，天下人深感痛苦，因此最终遭到国破家亡的祸患。汉朝之所以强盛的原因，就在于君主亲自履行诚信，听取谏言，招纳贤才，恩惠施及微贱之人，亲自礼请隐逸的贤士出山，广泛听取各种意见，全面进行考察，从而成就了其宏远的计划。这些都是过去的鲜明例证。

323.王国富民，霸国富士[1]，仅存之国富大夫，亡国富仓府。是谓上溢而下漏，故患无所救。（卷三十七·尉缭子）

【注释】①士：智者、贤者。后泛指读书人，知识阶层。

【译文】实行王道的国家，致力于让百姓富裕；实行霸道的国家，致力于让士人富足；勉强生存的国家，高官贵族们特别富裕；濒于灭亡的国家，君王的粮仓府库特别富足。这就是人们所说的上层富得溢出而下民穷困不堪，像这样，一旦有亡国的祸患就无法挽救了。

324.《周书》曰："天子见怪则脩德，诸侯见怪则脩政，大夫见怪则脩职，士庶见怪则脩身。"神不能伤道，妖亦不能害德。及衰世薄俗[1]，君臣多淫骄失政，士庶多邪心恶行，是以数有灾异变怪[2]。又不能内自省视，畏天戒，而反外考谤议，求问厥故，惑于佞愚，而以自诖[3]误，而令患祸得就，皆违天逆道者也。（卷四十四·桓子新论）

【注释】①薄俗：轻薄的习俗，坏风气。②变怪：灾异变怪。③诖（guà）：贻误，搞坏。

【译文】《逸周书》上说："天子看到怪异现象则修养德行，诸侯看到怪异现象则修明政教，大夫看到怪异现象则尽忠职守修治政事，士人和百姓看到怪异现象则修养自身。”神明不能伤害道义，妖异不能伤害仁德。到了世道衰败、民风日下之时，君臣多骄奢淫逸，政治混乱，士人和百姓也多心术不正、作恶多端，因此屡次发生灾变怪异之事。又不能向内自我反省、畏惧上天的警戒，反而向外追究指责，求问灾异发生的原因，从而被奸佞愚昧的小人所迷惑而自误，使得祸患得以发生，这些都是违背天理、道义的。

325.仲叔于奚救孙桓子，桓子是以免。既，卫人赏之以邑，赏于奚也。辞，请曲县①、轩，县也。繁缨②以朝，许之。繁缨，马饰，皆诸侯之服也。仲尼闻之，曰：“惜也！不如多与之邑。唯器与名，不可以假人，器，车服也。名，爵号也。君之所司也，政之大节也。若以假人，与人政也。政亡，则国家从之，不可止也已。”（卷五·春秋左氏传中）

【注释】①曲县：亦作“曲悬”。古代天子在正堂将钟磬等乐器四面悬挂称“宫县”，诸侯只悬挂在东西北三面称“曲县”、“轩县”，大夫仅挂左右两面称“判县”，士仅挂一面称“特县”。县：“悬”的古字。②繁（pán）缨：古代天子、诸侯所用的马饰。繁：马腹带。缨：马颈革。

【译文】新筑大夫仲叔于奚救援孙良夫，孙良夫因此免受灾难。过后不久，卫君把城邑赏赐给仲叔于奚，于奚谢绝，而请求赐给他诸侯才能使用的“曲悬”和“繁缨”来朝见卫君，卫君允许了。孔子听说了这件事，就说：“令人痛惜呀！还不如多赏他一些城邑。唯有礼器和爵位名号，不能随便授予别人，这是国君所掌管的，是为政的大纲。若以此授人，就等于给人政权。政权丧失了，国家也会跟着丧失，那就无可挽回了。”

326.生而富者骄，生而贵者傲。生富贵而能不骄傲者，未之有也。今宠禄初隆，百僚观行，当尧舜之盛世，处光华之显时，岂可不庶几夙夜以永终誉？（卷二十二·后汉书二）

【译文】（崔骃劝谏窦太后之兄窦宪：）生来就富有的人会骄纵，生来就地位贵显的人会傲慢。生来富贵而能够不骄纵不傲慢的人，是不曾有过的。如今您的荣宠和禄位刚刚显盛，百官都在看您的行动，您处在尧舜一般的盛世，正是荣耀显赫之时，怎能不昼夜勤劳，长久拥有大家的赞誉？（窦宪未听，之后图谋篡位，汉和帝察觉而将其赐死。）

327.昔陈灵之被矢①，灌氏之泯族②，匪降自天，口实为之。枢机之发，荣辱之主，三缄③之戒，岂欺我哉。（卷五十·抱朴子）

【注释】①陈灵公之被矢：《左传·宣公十年》载："陈灵公与孔宁、仪行父饮酒于夏氏，公谓行父曰：'征舒似女。'对曰：'亦似君。'征舒病之。公出，自其厩射而杀之。"②灌氏之泯族：《史记·魏其武安侯列传》载："灌将军夫者，颍阴人也。……灌夫为人刚直使酒，不好面谀。……宗族宾客为权利，横于颍川。……及饮酒酣，夫起舞属丞相（田蚡），丞相不起。夫从坐上语侵之。魏其乃扶灌夫去，谢丞相。……丞相取燕王女为夫人。有太后诏，召列侯宗室皆往贺。……饮酒酣，武安起为寿，坐皆避席伏。已，魏其侯为寿，独故人避席耳，余半膝席。灌夫不悦，起行酒，至武安，武安膝席曰：'不能满觞。'夫怒，因嘻笑曰：'将军，贵人也，属之！'时武安不肯。行酒次至临汝侯，临汝侯方与程不识耳语，又不避席。夫无所发怒，乃骂临汝侯……武安遂怒曰：'此吾骄灌夫罪。'……劾灌夫骂坐不敬，系居室，遂按其前事，遣吏分曹逐捕灌氏之属，皆得弃市罪。"③三缄（jiān）：指铜人嘴部三处被封。《说苑·敬慎》载："孔子观于周之太庙，见右陛之前，有金人焉，三缄其口。而铭其背曰：'古之慎言人也。戒之哉！戒之哉！无多言，多言多败；无多事，多事多患。'"事又见《孔子家语·观周》。缄：封闭。

【译文】从前陈灵公被射死，灌夫被灭族，灾祸不是从天而降，而实在是言语造成的。言行是人生的关键，它主宰着人的荣誉或耻辱。古人关于三缄其口的告诫，难道是欺骗我们的吗？

五、应事

328.肃礼容，居[①]中正，康[②]道德，履仁义，敬天地，恪[③]宗庙，此吉祥之术也，不幸而有灾，则克己责躬之所复也。然而有祷祈之礼、史巫[④]之事者，尽中正、竭精诚也。（卷四十五·昌言）

【注释】①居：指存心。②康：褒扬，赞美。③恪（kè）：恭敬，恭谨。④史巫：祝史和巫觋（xí）。古代司祭祀、事鬼神的人。

【译文】整肃礼节仪容，遵循正道，弘扬道德，施行仁义，尊敬天地，恭敬宗庙，是求得吉祥的方法，不幸有了灾祸，严格克制私欲、反省责备自己就能回复吉祥。这样才有祈祷的礼仪、掌祭祀的史官和巫师之业，目的都是为了竭尽中正精诚之意。

329.高于人之上者，必有以应于人。其察之也视下，视下者见之详矣。人君诚能知所不知，不遗灯烛[①]童昏[②]之见，故无不可知而不知也。（卷四十七·刘廙别传）

【注释】①灯烛：指从基层角度了解民情。承接上文所说“日月至光至大，而有所不遍者，以其高于众之上也。灯烛至微至小，而无不可之者，以其明之下，能照日月之所蔽也”。②童昏：愚昧无知。

【译文】高居于众人之上的人，一定要有恰当的应对众人的心态和方法。他观察问题能从基层的角度，了解下情。从基层的角度，他就能够清楚明白地了解。君主真的能知道自己还有不知道的东西，就不会遗弃基层反映的民情和愚昧无知者之所见。因此，就没有什么不可了解的事情而不能弄清楚的了。

330.人主不周密，则正言直行之士危；正言直行之士危，则人主孤而无内[①]；人主孤而无内，则人臣党而成群。使人主孤而无内，人臣党而成群者，此非人臣之罪也，人主之过也。（卷三十二·管子）

【注释】①内：亲信。

【译文】君主的思虑、行事不周密，说实话、行正道的人就会危险；说实话、行正道的人有危险，君主就会孤立而无亲信；君主孤立无亲，臣子就会结党成群。使君主孤立无亲，臣子结党组派，这不是臣子的罪过，而是君主的过错。

331.子贡为信阳宰，将行，孔子曰："勤之慎之，奉天之时，无夺无伐，无暴无盗。"子贡曰："赐也，少而事君子，岂以盗为累哉？"孔子曰："而未之详也。夫以贤代贤，是之谓夺；以不肖代贤，是之谓伐；缓[①]令急[②]诛[③]，是之谓暴；取善自与，是之谓盗。盗非窃财之谓也。吾闻之：知为吏者，奉法以利民；不知为吏者，枉法以侵民。此怨所由生也。匿人之善，斯谓蔽贤；扬人之恶，斯谓小人。内不相训[④]而外相谤，非亲睦也。言人之善，若己有之；言人之恶，若己受之。故君子无所不慎焉。"（卷十·孔子家语）

【注释】①缓：宽松。②急：严格，严厉。③诛：惩罚，责罚。④训：警告，规劝。

【译文】孔子的弟子子贡当了信阳的地方官，将要前往赴任的时候，孔子对他说："（你到那里后）要勤奋工作，谨慎处事，要遵循自然规律。不要'夺'，不要'伐'，不要'暴'，不要'盗'。"子贡说："老师，弟子从年轻的时候起就在先生这里学习，难道还会犯盗窃的过失吗？"孔子说："你还没有进一步了解啊。用贤者取代贤者，这就叫做'夺'；用不贤的人取代贤者，这就叫做'伐'；

政令很宽松而惩罚很严厉，这就叫做‘暴’；取得佳绩就归功于自己，这就叫做‘盗’。‘盗’说的并不是指偷窃他人的财物啊。我听说：懂得为官之道的人，能奉行法纪来为民谋利；不懂得为官之道的人，就会违法乱纪侵害百姓利益。这就是民怨产生的根源啊。隐匿别人的善，这就叫蔽贤；传扬别人的恶，这就是小人。私下不相互告诫规劝而在外面互相诽谤，这不是亲善和睦的行为。要做到说起别人的善，就好像自己有这样的善似的满心欢喜；说别人的恶，就象是自己受到别人的攻击一样。所以君子没有一件事不谨慎啊！”

332.子曰：“巧言乱德。小不忍，乱大谋。”巧言利口，则乱德义。小不忍则乱大谋。（卷九·论语）

【译文】孔子说：“能把无理说得有理而且动听，这种言语足以扰乱人的德行。对人对事如在小处不能忍耐，便会扰乱大计。”

333.天有四殃：水、旱、饥、荒[①]。其至无时，非务积聚，何以备之？《夏箴》曰：“小人无兼年[②]之食，遇天饥[③]，妻子非其有也；大夫无兼年之食，遇天饥，臣妾[④]舆马[⑤]非其有也；国无兼年之食，遇天饥，百姓非其百姓也。”戒之哉，不思祸咎无日矣。言不远也。（卷八·周书）

【注释】①饥、荒：谷物、果子等歉收或没有收成。按《尔雅·释天》："谷不熟为饥，蔬不熟为馑，果不熟为荒。"②兼年：两年。③天饥：天灾造成的饥荒。④臣妾：古时对奴仆的称谓，男曰臣，女曰妾。⑤舆马：车马。

【译文】天灾有四种，即水灾、旱灾、五谷不熟、果子歉收。它们的到来没有定时，若不致力于积蓄储备粮食，用什么来防备呢？《夏箴》说："平民没有够吃两年的粮食，遇到饥荒，妻子儿女就不属他所有了；大夫没有够吃两年的粮食，遇到饥荒，奴仆和车马就不属他所有了；国家没有够吃两年的粮食，遇到饥荒，天下百姓就不属他所有了。"要警戒啊！如果不思考这些问题，灾祸临头就没有多少时日了。

334.分土地，趣本业[①]，养桑麻，尽地力也。寡功[②]节用，则民自富。如是则水旱不能忧，凶年不能累也。（卷四十二·盐铁论）

【注释】①本业：农业。②功：指徭役，古代官方规定的平民成年男子在一定时期内或特殊情况下所承担的无偿社会劳动。一般有力役、军役和杂役。

【译文】将土地分给百姓，致力于农业耕作，养蚕种麻，充分发挥土地的出产能力。减少徭役，节省政府的费用，那百姓自然就会富裕起来。如果能这样，那么水旱灾害就不足以使我们忧愁，荒年也不足以让我们受苦。

335.天下有信数[①]三：一曰智有所不能立；二曰力有所不能举；三曰强有所不能胜。故虽有尧之智，而无众人之助，大功不立；有乌获之劲，而不得人助，不能自举；有贲[②]、育之强，而无术法，不得长生[③]。（卷四十·韩子）

【注释】①信数：必然的道理。②贲（bēn）：指战国时勇士孟贲。③长生："长胜"之误。

【译文】天下有三个必然的道理：一是再聪明也有做不成的事；二是力气再大也有无法举起的东西；三是再强大也有不能胜过的对手。所以虽然具有尧的智慧，而没有众人的帮助，也没有办法建立伟大的功业；虽然具有乌获那样大的力气，而没有别人的帮助，也不能把自己举起来；虽然具有孟贲、夏育那样的强壮，而没有正确的方法，也不能永远取胜。

六、慎始终

336.蒙。《象》曰：山下出泉[①]，蒙。君子以果行育德。（卷一·周易）

【注释】①山下出泉：蒙卦下坎为水，上艮为山，故云“山下出泉”。

【译文】蒙卦的《象传》说：高山下流出泉水，这是启迪蒙昧的象征。君子效法蒙卦的精神，行动时如水之必行，果决不疑、坚持不懈，来培育美好的德行。（泉水刚从山下流出时，没受到污染，也没有固定的方向，好比人的童年时期。此时是接受教育的最佳时期，幼童见到善行必启发善心，听到道义必仰慕道义，因此君子要果决地引导幼童培养德行。）

337.弗务细行，终累[1]大德。轻忽小物，积害毁大，故君子慎其微也。为山九仞[2]，功亏一篑[3]。谕向成也，未成一篑，犹不为山，故曰功亏一篑。是以圣人乾乾日侧，慎终如始也。（卷二·尚书）

【注释】①累：损害，妨碍。②仞：古代长度单位。一说七尺为一仞，又说八尺为一仞。③篑：盛土的竹筐。

【译文】不慎重自己的细微小节，终究会损害大的德行。犹如堆积九仞高的土山，就差一竹筐土，也不能说大功告成。（所以圣人终日勤勉敬慎，慎终如始。）

陆、明辨

一、邪正

338.圣人之求事也，先论其理义，计其可否。故义则求之，不义则止；可则求之，不可则止。故其所得事者，常为身宝。小人求事也，不论其理义，不计其可否；不义亦求之，不可亦求之。故其所得事者，未尝为赖也。故曰：“必得之事，不足赖也。”（卷三十二·管子）

【译文】圣人办事，先考察它是否合乎公理正义，考虑它是否可行。合于义就做，不合于义就不做；可行就做，不可行就不做。所以他所办的事情，常常是很宝贵的。小人办事，不考察它是否合于公理正义，不考虑它是否可行。不合于义也做，不可行也做。所以，他所办的事情，没有可信赖的。所以说：“不顾一切一定要做的事，是不值得信赖的。”

339.口能言之，身能行之，国宝[①]也；口不能言，身能行之，国器[②]也；口能言之，身不能行，国用[③]也；口言善，身行恶，国妖[④]也。治国者敬其宝，爱其器，任其用，除其妖。（卷三十八·孙卿子）

【注释】①国宝：国家的重宝。指国家的宝贵人才。②国器：国家的大器。指可以治国的人才。③国用：国家的用器。指国家赖其言而用。④国妖：国家的妖孽。指危害国家的人。

【译文】口能陈说圣贤之道，身能落实圣贤之道，这样的人是国家的重宝（可担任国师指导君王）；口不能陈说圣贤之道，但身能落实圣贤之道，这样的人是国家的大器（可辅佐君王治国）；口能陈说圣贤之道，但身不能落实圣贤之道，这样的人是国家的用器（可听从其言语施政）；口中说的是善言，自身行的都是恶事，这种人是国家的妖孽。能使国家大治的圣明君主，敬重其重宝，爱护其大器，任用其用器，铲除其妖孽。

340.夫教训者，所以遂道术而崇德义也。今学问之士，好语虚无之事，争着雕丽之文，以求见异于世，品人[①]鲜识，从而尚之，此伤道德之实，而惑蒙夫[②]之失者也。诗赋者，所以颂善丑之德，泄哀乐之情也，故温雅以广文，兴喻[③]以尽意。今赋颂之徒，苟为饶辨[④]屈蹇[⑤]之辞，竞陈诬罔[⑥]无然[⑦]之事，以索见怪于世，愚夫戆[⑧]士，从而奇之，此悖孩童之思，而长不诚之言者也。尽孝悌于父母，正操行于闺门[⑨]，所以为列士也。今多务交游以结党，偷势窃名，以取济渡[⑩]，夸末[⑪]之徒，从而尚之，此逼贞士[⑫]之节，而眩世俗之心者也。养生顺志，所以为孝也。今多违志以俭养，约生[⑬]以待终，终没之后，乃崇饰丧纪[⑭]，以言孝，盛飨[⑮]宾旅以求名，诬善[⑯]之徒，从而称之，此乱孝悌之真行，而误后生之痛者也。忠正以事君，信法以理下，所以居官也。今多奸谀以取媚，玩（玩作挠）法以便己，苟得[⑰]之徒，从而贤之，此灭贞良之行，开乱危之源者也。五者，外虽有贤才之虚誉，内有伤道德之至实。（卷四十四·潜夫论）

【注释】①品人：众人，常人。②蒙夫：瞎子。指不学无知之人。③兴喻：指诗歌创作手法的兴与比。兴为托物言志，喻为取他物作比况。④饶辨：即譊（náo）辩。争讼辩论。饶：通“譊”。争辩。辨：通“辩”。⑤屈蹇（jiǎn）：形容隐晦艰涩。蹇：通“謇”。艰涩，艰难。⑥诬罔：无中生有，欺骗愚弄。⑦无然：不是这样。⑧戆（zhuàng）：愚，傻。⑨闺门：内室的门。借指家庭。⑩济渡：渡水到达彼岸。比喻仕途顺利，办事方便。⑪夸末：谓浮夸而不务实。⑫贞士：志节坚定、操守方正之士。⑬约生：节约生前供养。⑭丧纪：丧事。⑮飨：以隆重的礼仪宴请宾客。泛指宴请，以酒食犒劳、招待。

⑯诬善：伪善。⑰苟得：不该得而得到。

【译文】教育训导，是为了成就道德学问和弘扬德义的。现今做学问的人，喜欢谈论荒诞无稽的事，争相写作雕饰华丽的文章，以求标新立异被世人特殊看待，一般人很少能认识清楚，便跟着尊崇他，这是实际上伤害道德，而严重迷惑无知者的大错。诗和赋，是用来吟诵善恶品行、抒发哀乐情感的，所以用词温润典雅来增加文采，用兴和比的方式来充分表达心意。而现今吟赋作颂的人，随便地创作巧辩晦涩的文辞，竞相陈述欺妄不实的事情，以博取世人的惊异，愚昧无知的人，便跟着对他称奇赞叹，这是惑乱孩童的思想，而助长不诚实的言论的做法。对父母竭尽孝顺恭敬，在家中则端正操守品行，这样才够得上称为士人。如今人们多致力于结交朋友以结为朋党，窃取权势、名誉以求在仕途上飞黄腾达，那些浮夸而不务实的人，便跟着推崇他，这是贬抑忠贞之士的节操、迷惑世俗人心志的行径。奉养父母，顺承其心意，就是孝道。现今人们多违背父母的意愿并吝啬于赡养父母，在父母生前紧缩开销而等待父母死亡，当父母亡故之后，子女们却隆重操办丧事来显示孝心，大办宴席款待宾客来博取孝名，那些伪善的人们，便跟着称颂他们，这是悖乱孝悌的实质，贻误后辈而令人痛心的事。以忠诚正直来事奉君主，以信守法度来治理百姓，这是为官者的责任。现今的官员多奸诈谄媚来讨好上司，玩忽法令以方便自己，那些不应得到官职而得到的人，便跟着尊崇他，这是毁灭善行、开启造成动乱的祸根。这五种做法，表面上虽然有贤才的虚假名誉，而实质上则会严重损害道德。

二、人情

341.圣王深识人情，而达治体，故其称曰："不以一眚[①]掩大德。"又曰："赦小过，举贤才。"又曰："无求备于一人。"（卷三十·晋书下）

【注释】①眚（shěng）：过失。

【译文】圣王都深刻明了人之常情，而且通晓为政之道，所以他们说："不要因小的过错来掩盖大的德行。"又说："饶恕小的过失，任用有贤德的人。"又说："对于一个人不能求全责备。"

三、才德

342.孔子之通[①]，智过苌弘[②]，苌弘，周景王之史臣，通天下鬼方之术也。勇服[③]孟贲[④]，孟贲，卫人。能亦多矣。然而勇力不闻，伎巧不知，专行孝道[⑤]，以成素王[⑥]，事亦鲜矣。（卷四十一·淮南子）

【注释】①通：渊博。②苌弘：周景王的史官，通晓天下医卜星相等方术。③服：降服。④孟贲（bēn）：战国时勇士。⑤孝道：《淮南子》今世通行本“孝”作“教”。⑥素王：犹空王。谓具有帝王之德而未居帝王之位者。

【译文】孔子的渊博，他的才智超过苌弘，勇力可以制服孟贲，才能算是很多了。可是他的勇力并不为人所知，技能也不被人了解，他专心从事于孝道的教化，因而被人们称为具有帝王之德而未居帝王之位的“素王”，他做的事可谓简约。

四、朋党

343.君子比而不别。比德[①]以赞事[②]，比也；赞，佐。引党[③]以封己[④]，引，取也。封，厚也。利己而忘君，别[⑤]也。别，为朋党。（卷八·国语）

【注释】①比德：同心同德。比：亲近，和睦。②赞事：辅佐国事。赞：佐助。③引党：援引私党。④封己：厚待自己。⑤别：别为朋党。

【译文】（叔向说：）君子亲近他人，与人和睦相处却不结私党。同心同德，共襄国事，这是团结，就叫做“比”；结成朋党来厚待自己图谋私利，专利自己而心中没有君上，那是勾结，就叫做“别”。

五、辨物

344.世之君子欲其义之成，而助之脩其身则愠[①]。是犹欲其墙之成，而人助之筑则愠也。岂不悖[②]哉？”（卷三十四·墨子）

【注释】①愠：怒。②悖：违背道理，谬误。

【译文】世上的君子想让自己仁义修养得以成就，可是别人帮助他修身，他却生气。这就好比想把墙筑成，别人帮助他筑墙，他却生气一样。这难道不是很荒谬吗？

345.布衣也，其友皆孝悌纯谨畏令，如此者，家必日益[①]，身必日安，此所谓吉人也。事君也，其友皆诚信有行[②]好善，如此者，事君日益，官职日进，此所谓吉臣也。人主也，朝臣多贤，左右多忠，主有失敢交争[③]正谏，交，俱。如此者，国日安，主日尊，天下日服，此所谓吉主也。（卷三十九·吕氏春秋）

【注释】①日益：一天一天地富足。高诱注："益，富也。"②有行：有德行。③交争（zhèng）：交相谏诤。争：通"诤"。诤谏，规劝。

【译文】观察平民，如果他的朋友都很孝顺父母、尊敬兄长、忠厚恭谨、敬畏政令，像这样的平民，家庭必然一天比一天富足，自己必然一天比一天安乐，这就是所谓的吉人。观察事奉君主的臣子，如果他的朋友都很诚实守信、德行高尚、乐于为善，像这样的臣子，事奉君主会一天比一天有所增益，官职会一天比一天晋升，这就是所谓的吉臣。观察君主，如果朝廷官员大多贤能，身边的侍从大多忠正，君主有过失，他们都敢于交相直言谏诤，像这样的君主，国家会一天比一天安定，君主会一天比一天尊贵，天下百姓也会一天比一天敬服他，这就是所谓的吉主。

346.原（原作螈）蚕[①]一岁再收，非不利也，然而王法禁之者，为其残桑也；家老异粮而食之，殊器而烹之，子妇跣[②]而上堂，跪而酌羹，非不费也，然而不可省者，为其害义也；待媒而结言，娉纳而取妇，绂絻[③]而亲迎[④]，非不烦也，然而不可易者，可以防淫也；使民居处相司[⑤]，有罪相告，于以禁奸非不辍[⑥]也，然而不可行者，为伤和睦之心，而搆[⑦]仇雠之怨也。（卷四十一·淮南子）

【注释】①原蚕：二蚕，即夏秋第二次孵化的蚕。原：再。螈蚕即原蚕。天明本校注“原作螈”，商务本将之删除。编者亦认为《治要》原文“原”字无误。②跣（xiǎn）：赤脚，光着脚。③绂絻（fú miǎn）：古时系官印的丝带及大夫以上的礼冠。引申为官服、礼服。絻：通“冕”。④亲迎：古代婚礼“六礼”之一。夫婿亲至女家迎新娘入室，行交拜合卺之礼。⑤相司：互相侦察。司：通“伺”。⑥辍（chuò）：止。指止住罪恶。⑦搆（gòu）：造成，结成。

【译文】养第二次蚕可以一年收两次蚕丝，这不是没有利，但是国家制定的法令禁止此事，是因为这样做会损害桑树；家中老人与家人吃不同的饭，用不同的食具烹调，儿媳光着脚走上堂去，跪着给长辈舀取羹汤，这种礼法不是不费事，然而却不能省减，是因为省减了会损害大义；等有了媒人才订婚约、下聘礼以后迎娶新妇，夫婿穿上礼服戴上礼帽亲至女家迎娶新娘入室，行交拜合卺之礼，这样做不是不繁琐，但是不能改变这套礼法，是因为这样做可以防止淫乱；让百姓生活在一起时左邻右舍相互监视，发现有人犯罪便相互告发，用这种方法来检举邪恶的人，并不是不能制止犯罪的行为，但是却不能那样做，因为会伤害人们

的和睦之心，造成仇人般的怨恨。

347.事有可行而不可言者，有可言而不可行者，或易为而难成者，或难成而易败者。所谓可行而不可言者，趣舍[①]也；可言而不可行者，伪诈也；易为而难成者，事[②]也；难成而易败者，治（治作名）也。此四策[③]者，圣人之所独视而留志[④]也。（卷四十一·淮南子）

【注释】①趣舍：取舍。趣：通“取”。②事：事业，功业。③策：谋略。④留志：留意。

【译文】有些事情是可以做而不能说的，有些事情是可以说而不能做的，有些事情做起来容易却很难成功的，有些事情难以成功而成功后又很容易毁坏。这里所说的可以做而不能说的是人的进退取舍，可以说而不能做的是作假欺诈，容易做却难以成功的是事业，难以成功却很容易毁坏的是好的名声。这四种情形是圣人独自认识到并予以关注的。

348.治国有常，而利民为本；政教有道，而令行为右[①]。苟利于民，不必法古；苟周[②]于事，不必循俗[③]。故圣人法与时变，礼与俗化。衣服器械，各便其用；法度制令，各因其宜。故变古未可非，循俗未足多[④]。（卷三十五·文子）

【注释】①右：古代崇右，故以右为贵。②周：适合。③循俗：顺从风俗。循：遵从。④足多：值得称赞。多：称赞。

【译文】治理国家有常理，以利益民众为根本；政治教化有方法，以政令通行为上。如果有利于百姓，就不必效法古人；如果措施合宜于事理，就不必顺从旧俗。所以圣人制定法度随着时代而变化，制定礼仪随着风俗而演化。衣服和用具，都适合百姓所用；法律制度和政策命令，都根据百姓所适宜的情况。所以改变古人的作法不一定值得非议，而顺从旧俗也不一定值得赞誉。

349.夫瑞[1]生必于嘉士[2]，福至实由善人。在德为瑞，无德为灾。（卷二十四·后汉书四）

【注释】①瑞：祥瑞，吉祥的征兆。②嘉士：善人，德才兼优的人。

【译文】（窦武劝谏东汉桓帝说：）祥瑞的现象，必然是由于有德才兼备的人出现而产生的，福气的到来确实是源自善人。有德行，这些现象就是祥瑞；无德行，这些现象就代表灾异将到来。

350.观其所举，而治乱可见也；察其党与[1]，而贤不肖可论也。（卷四十一·淮南子）

【注释】①党与：同伙之人，同类之人。

【译文】观察君主所举用的人，其国家是政治清明还是混乱不堪便可以预见；观察一个人的同伙，那这个人是贤明还是不贤明便可以论定。

351.子曰："有德者必有言[1]，有言者不必有德；仁者必有勇，有勇者不必有仁。"（卷九·论语）

【注释】①言：这里指的是善言、道义之言。

【译文】孔子说："有德行的人必定会说有益于人的善言，但是会说益人善言之人不一定有德。有道德的仁人必定有勇（因为仁人做道德的事必然勇为），有勇的人则不一定有仁（虽然勇于做事，但若不与道德相合，也只是无意义的匹夫之勇）。"

352.夫商贾者，所以伸[1]盈虚[2]而获天地之利，通有无而壹[3]四海之财。其人可甚贱，而其业不可废。盖众利之所充，而积伪之所生，不可不审察也。（卷四十九·傅子）

【注释】①伸：《永乐大典》作"冲"。②盈虚：有余与不足。③壹：统一，一致。

【译文】商人，是为了调剂物品的有余与不足，来获取天地间的利益；流通有无，来均衡四方的财物。经商的人，虽然社会地位低贱，但商业却不能废弃。商业是众多利益的汇集之处，是各种欺诈现象产生的源头，所以不能不仔细考察。

六、因果

353.皇天无亲[①]，惟德是辅；民心无常[②]，惟惠[③]之怀。天之于人，无有亲疏。惟有德者，则辅佐之。民心于上，无有常主。惟爱己者，则归往之。为善弗同，同归[④]于治[⑤]；为恶弗同，同归于乱。（卷二·尚书）

【注释】①亲：指偏爱。②无常：不固定。③惠：仁爱，宽厚。④归：归趋，趋于。⑤治：治理得好，安定太平。

【译文】上天从来不会偏爱谁，只要是贤德之人都会佑助；民心也不是固定不变的，只要领导者仁慈爱民，人民都会归向。行善政的方法不同，但只要是真正的善政，结局都是域内大治；作恶的方式不同，但结局都是社会动乱。

354.仁者在位，而仁人来；义者在朝，而义士至。是以墨子之门多勇士，仲尼之门多道德，文王之朝多贤良，秦王之庭多不详。故善者必有所主（主作因）而至，恶者必有所因而来。夫善恶不空作，祸福不滥生，唯心之所向，志之所行而已矣。（卷四十·新语）

【译文】仁者在朝廷执政，就能感召仁者前来；义士在朝廷执政，就会感召义士前来。所以墨子的门下多勇士，孔子的门下多道德之人，文王的朝中多贤良之臣，秦王的朝堂多不善之人。所以善人到来必有其原因，恶人到来也必有其缘由。善恶不会凭空发生，祸福不会随便到来，都是人们心灵所趋向和意志所实行的结果而已。

355.利天下者，天下启之；害天下者，天下闭之；生天下者，天下德[①]之；杀天下者，天下贼之；彻[②]天下者，天下通之；穷天下者，天下仇之；安天下者，天下恃之；危天下者，天下灾之。天下者非一人之天下，唯有道者得天下也。（卷三十一·六韬）

【注释】①德：感恩，感激。②彻：这里指君主以真情对待百姓而无隐瞒。

【译文】为天下谋利益的人，天下人就拥护他；给天下人带来祸害的人，天下人就反对他；使天下人得以生养的人，天下人就感激他；杀戮天下人的人，天下人就毁灭他；以真心真情对待天下人，天下人皆以真情相待而无隐瞒；让天下人的意愿不得抒发而陷于窘境的人，天下人就仇视他；使天下安居乐业的人，天下人就依靠他；让天下遭受危难的人，天下人也将给他带来灾难。天下不是一个人的天下，只有有道之人，才能得到天下。

356.夫天下大器，今人之置器，置诸安处则安，置诸危处则危。天下之情与器无以异，在天子之所置之。汤、武置天下于仁义礼乐，而德泽洽，禽兽草木广裕[①]，德被子孙数十世，此天下所共闻也；秦王置天下于法令刑罚，德泽无一有，而怨毒盈于世，人憎恶之如仇雠，祸几及身，子孙诛绝[②]，此天下之所共见也。是非其明效大验[③]邪！（卷十六·汉书四）

【注释】①广裕：繁庶。②诛绝：诛灭，灭绝。③明效大验：很显著的效验。

【译文】天下好比一个大的器物，现在人们放置器物，放在安稳处就安稳，放在危险处就危险。治理天下的道理和放置器物没有什么差别，就看天子把它放在什么地方。商汤、周武王把天下放在仁义道德、礼乐教化上，于是恩德广被，禽兽繁衍，草木茂盛，德行覆荫子孙几十世，这是天下人都知道的；秦始皇把天下放置于法令刑罚上，没有一点恩泽，于是怨恨充满世间，人们憎恨他如仇敌一般，祸害差一点殃及自身，子孙被诛杀灭绝，这是天下人都看到的。谁对谁错这就清楚地得到呈现和验证了啊！

357.人主能安其民，则民事其主，如事其父母。故主有忧则忧之，有难则死之。人主视民如土，则民不为用。主有忧则不忧，有难则不死。故曰："莫乐之，则莫哀之；莫生之，则莫死之。"（卷三十二·管子）

【译文】君主能使人民生活安定，那么人民事奉君主，便会如同事奉自己的父母一样。因此，君主有忧，人民便会为他分忧；君主有危难，人民便会为他效死。君主若视人民如同泥土，人民便不会为他效力。君主有忧，人民不会为他分忧；君主有危难，人民也不会为他效死。所以说："君主不能使人民安乐，人民就不会为君王分忧；君主不考虑人民的生存，人民就不会为君王效死。"

358.臣闻，谦逊[①]静悫[②]，天表[③]之应[④]，应之以福；骄溢靡丽，天表之应，应之以异[⑤]。（卷十八·汉书六）

【注释】①谦逊：谦虚恭谨。②静悫（què）：沉静朴实。悫：恭谨，朴实。③天表：上天显示。④应：感应，应验。⑤异：怪异不祥之事，灾异。

【译文】（东方朔劝谏汉武帝说：）我听说做人谦虚恭谨、沉静朴实，上天就会感应，应之以福；骄横自满、奢侈无度，上天也会感应，应之以怪异现象。

359.小人朝为，而夕求其成；坐施而立望其及（及作反）；行一日之善，而问终身之誉。誉不至则曰，善无益矣，遂疑圣人之言，背先王之教，存其旧术，顺其常好。是以身辱名贱，而永为人役也（永作不免二字）。（卷四十六·中论）

【译文】小人早晨做事，傍晚就希求事情成功；刚坐下来施行，站起来就指望有回报；做了一天好事，就希望有终身的荣誉。荣誉没有得到，就说做好事没有什么益处，于是就怀疑圣人的言论，背弃先王的教诲，保留其过去的做法，顺从其平素的喜好。因此身辱名贱，难免被他人所役使。

360.六三[①]：负且乘，致寇至，贞吝。处非其位，履非其正，以附于四，用夫柔邪以自媚者也。乘二负四，以容其身。寇之来也，自己所致矣，虽幸而免，正之所贱也。（卷一·周易）

【注释】①六三：指解卦的第三爻。六三在九四之下、九二之上，以阴处阳位，代表奸邪小人用谄媚手段攀附九四，又凌驾于九二君子之上。

【译文】解卦的第三爻：小人身负重物而乘车，必招致盗寇前来，正是众人鄙视的。（背负东西，本是小人之事；乘的车子，本是君子治国、平和天下乘坐的器具，如今小人窃乘君子的器具，必无能匡济，大盗必竞相来抢夺了。）

谦德国学文库丛书

（已出书目）

弟子规·感应篇·十善业道经
三字经·百家姓·千字文·德育启蒙
千家诗
幼学琼林
龙文鞭影
女四书
了凡四训
孝经·女孝经
增广贤文
格言联璧
大学·中庸
论语
孟子
周易
礼记
左传
尚书
诗经
史记
汉书
后汉书
三国志
道德经
庄子
世说新语
墨子
荀子
韩非子
鬼谷子
山海经
孙子兵法·三十六计
素书·黄帝阴符经
近思录
传习录
洗冤集录

颜氏家训
列子
心经·金刚经
六祖坛经
茶经·续茶经
唐诗三百首
宋词三百首
元曲三百首
小窗幽记
菜根谭
围炉夜话
呻吟语
人间词话
古文观止
黄帝内经
五种遗规
一梦漫言
楚辞
说文解字
资治通鉴
智囊全集
酉阳杂俎
商君书
读书录
战国策
吕氏春秋
淮南子
营造法式
韩诗外传
长短经
虞初新志
迪吉录
浮生六记
文心雕龙
幽梦影
东京梦华录
阅微草堂笔记